新视野·文化遗产保护论丛

文化遗产保护国际视野

单霁翔 著

天津大学出版社
TIANJIN UNIVERSITY PRESS

图书在版编目（CIP）数据

文化遗产保护国际视野 / 单霁翔著 .—天津：天津大学出版社，2017.2（2024. 5 重印）

（新视野 · 文化遗产保护论丛 . 第二辑）

ISBN 978-7-5618-5783-0

Ⅰ . ①文… Ⅱ . ①单… Ⅲ . ①文化遗产—保护—中国—文集 Ⅳ . ① G122-53

中国版本图书馆 CIP 数据核字（2017）第 026347 号

策划编辑 金　磊　韩振平
责任编辑 李金花
装帧设计 谷英卉

出版发行 天津大学出版社
地　　址 天津市卫津路 92 号天津大学内（邮编：300072）
电　　话 发行部：022-27403647
网　　址 publish.tju.edu.cn
印　　刷 永清县晔盛亚胶印有限公司
经　　销 全国各地新华书店
开　　本 148mm × 210mm
印　　张 8.5
字　　数 245 千
版　　次 2017 年 2 月第 1 版
印　　次 2024 年 5 月第 2 次
定　　价 58.00 元

自序：把工作当学问做 把问题当课题解

“新视野·文化遗产保护论丛”出版在即，出版社嘱我写一个自序。心怀往昔，愿以时间为轴写出自己简短的感言，希望聚焦有启迪意义的文化历程，也希望表达充满真情实感的“乡愁”。

2011年8月25日清晨接到通知，我将要离开工作近10年的国家文物局，到故宫博物院工作。消息突然，没有精神准备。记得当天上午工作日程是在中国文化遗产研究院做专题报告。一路上，10年来的工作情景在脑海中闪过，想到在走向新的岗位之前，应该对以往工作进行回顾，负责任地进行工作交接，于是到会场后便放弃了已经准备好的多媒体演示内容，改为讲述参与中国文化遗产保护的体会，将近两个小时的畅谈，仍感意犹未尽，充满着回望与寻觅的思绪。

如今看来，当年的工作状态可谓“不堪回首”。就在接到通知那天之前的一周内，还经历了“南征北战”的过程：8月18日在吉林长春为市、县政府领导培训班做文化遗产保护报告；8月20日在西藏拉萨参加中国西藏文化论坛；8月21日在四川雅安参加茶马古道保护研讨会；8月23日和24日在福建福州分别参加全国生态博物馆、涉台文物保护总体规划评审，国家水下文化遗产保护中心福建基地启动，三坊七巷社区博物馆揭牌等活动。

一周数省，这就是当年常态化的工作状况。是什么力量支撑着自己一路前行？除了文物人“敢于担当、乐于奉献”的情结外，恐怕最主要的就是“把工作当学问做、把问题当课题解”的工作方法。不断出现的问题、不断凸现的矛盾和不断涌现的挑战，将时间撕裂成一块块“碎片”，甚至一天之内要进行几次“脑筋急转弯”。如果不能针对闪过的想法及时停下来思考、面对发现的问题及时静下来反思，就会陷于疲于应付、不堪重负的境地。城乡建设大规模展开的时期，必然是文化遗产保护最紧迫、最关键的历史阶段。只有“把工作当学问做、把问题当课题解”，才能在复杂的情况下，夯实基础，居安思危，防患未然；在困难的情况下，深思熟虑，心中有数，底气十足；在紧急的情况下，头脑清醒，敢于直面，坚守底线。

“把工作当学问做、把问题当课题解”的工作方法，需要持之以恒，读书、思考、写作、归纳，早已成为每天的必修课。无论是在考察途中的汽车里，还是在往返的飞机上，抑或是在家中的书桌前，以电脑为伴，将考察的感想、调研的体会、阅读的心得及时记录下来。正是因为这一次次的梳理思绪、深化认识，长期下来，居然积攒下上千万字的记录，包括论文、报告、访谈、提案，林林总总，其中既有“一吐为快”的真实感受，也有“深思熟虑”的肺腑之言，还有“临阵磨枪”的即席表达。将它们汇集起来，既是一个时期实践经验的点滴记载，也是一个时代文化遗产事业的综合纪实，还是一个文化遗产保护工作者不息生命的心灵写作。面对这些海量且繁杂的“原生态”记录，早已萌生出按照内容进行分类归纳的愿望。所幸天津大学出版社伸出援手，以“新视野·文化遗产保护论丛”为名，按照不同内容进行分辑分册，涉及文化遗产保护基础建设、文化遗产保护项目实施和文物博物馆事业发展等诸多方面。

一路走来，吴良镛教授的学术思想始终像一座灯塔照亮我前行的方向。“把工作当学问做、把问题当课题解”，源于吴良镛教授所倡导的“融贯的综合研究”理论框架。就是力图从更广阔的视野、更深入的角度，分析和梳理文化遗产之间的内在联系，探索和建立新的文化遗产类型和相应的保护方式，使制约文化遗产事业发展的重点、难点和瓶颈问题不断得以有效解决。实践证明：文化遗产保护、城市文化建设、博物馆发展，在方法上、尺度上、内容上虽然各有不同，但是三者有着共同的研究对象，三位一体进行“融贯的综合研究”，则可以呈现出中国特色文化遗产保护的新视野。

从1984年进入城市规划部门以来已经30余载，从1994年进入文物系统以来也已经20余年，其间有不少令人难忘的回忆。有幸在职业生涯的最后一站，来到故宫博物院，一方面继续享受紧张工作带来的压力和挑战，另一方面得以将几十年来积累的体会应用于具体实践。今天，更为突出的感受是，只有“把工作当学问做、把问题当课题解”，且加强全程管理，才能使每一项工作都与细节管理挂起钩来，把桩桩件件事情都做得细之又细，才能获得持续发展的后劲。

北京时间2014年6月22日15时19分，从卡塔尔首都多哈传来喜讯，在第38届世界遗产委员会会议上，中国大运河被列入《世界遗产名录》。30分钟后，跨国联合申报的“丝绸之路：长安—天山廊道的路网”也顺利通过评审。作为大运河和丝绸之路保护与申报的参与者和见证者，我格外激动和自豪。2015年5月5日，从文化遗产保护现场又传来好消息，世界文化遗产——大足石刻千手观音造像抢救性保护修复工程竣工，看到“前方”传来修复后的美轮美奂的千手观音造像影像，我激动不已。回想2008年“5·12汶川大地震”后的第8天，我们从四川地震重灾区赶到重庆大足，看望已经800岁高龄的千手观音造像，看到早已满目疮痍的文物本体又被地震殃及，当即决定开展抢救保护工作，将其列为石窟类保护的“一号工程”，如今千手观音造像再现“慈祥的微笑”，得以功德圆满。的确，每当昔日的努力成就今日的收获，都是文化遗产保护工作者最幸福的时刻。

2006年6月10日，我们曾以无比喜悦的心情迎来了中国第一个“文化遗产日”。10年的奋争，10年的坚守，10年的耕耘，10年的收获。再过半个多月，我们又将以无限期待的心情，迎来中国第十个“文化遗产日”。谨以“新视野·文化遗产保护论丛”献给这一节日，献给长期以来用智慧和汗水呵护文化遗产的文博同人，祝愿祖国的文化遗产永葆尊严；献给长期以来用真情和热心关注文化遗产的社会民众，祝中华文化遗产事业蓬勃发展。

2015年5月25日

目录

在中意合作文物保护修复培训班开学典礼上的致辞 /009
在国际古迹遗址理事会会议欢迎会上的讲话 /010
在全国文物外事工作会议上的报告 /012
在“古代文化交流与考古学研究”国际学术研讨会上的讲话 /026
在我国驻纽约总领事馆招待会上的讲话 /029
在中国国家文物局与美国规划协会合作备忘录签约仪式上的讲话 /030
从“功能城市”到“文化城市”——在全球经济一体化与文化保护高峰圆桌会议上的发言 /031
城市化加速进程中文化遗产的保护——在 2005 年美国规划协会年会高峰论坛上的主题演讲 /035
城市规划与文化遗产保护应该建立更密切的合作关系——参加美国规划协会年会的感想 /047
留住城市的“根”与“魂”——在“世界遗产与当代建筑：管理历史性城市景观”国际会议上的发言 /049
在国际古迹遗址理事会第 15 届大会前期筹备工作情况通报会上的讲话 /053
在“2005 中国文物艺术品拍卖国际论坛”开幕式上的致辞 /056
在国际古迹遗址理事会第 15 届大会筹备工作领导小组第二次全体会议上的讲话 /058
在国际古迹遗址理事会第 15 届大会科学研讨会上的主旨报告 /062

关于将文化遗产保护项目纳入我国援外计划的提案 /069
在第二届文化遗产保护与可持续发展国际会议上的主旨报告 /073
在意大利驻华大使孟凯蒂先生离任送别仪式上的讲话 /076
在中国文物交流中心挂牌仪式上的讲话 /079
在城市文化国际研讨会筹备委员会第一次会议上的讲话 /082
在聘请前秘鲁驻华大使陈路先生担任中国文化遗产保护国际顾问仪式上的讲话 /084
会见意大利驻华大使谢飒时的谈话 /086
在东亚地区文物建筑保护理念与实践国际研讨会上的致辞 /090
在东亚地区文物建筑保护理念与实践国际研讨会上的报告 /093
在东亚地区文物建筑保护理念与实践国际研讨会闭幕式上的讲话 /102
在城市文化国际研讨会筹备委员会第二次会议上的讲话 /105
在城市文化国际研讨会上的演讲 /108
在接待美国总统文化代表团时的演讲 /123
“国宝”回家任重道远 /127
在美国规划协会成立 100 周年论坛上的报告 /133
在世界遗产保护杭州论坛暨 2008 国际古迹遗址理事会亚太地区会议上的主题报告 /139
在全国政协海南国际旅游岛调研考察团沟通会上的发言 /150
在东亚地区木结构古建筑彩画保护国际研讨会上的报告 /155
在英国伦敦大学的演讲 /166
在与上海世博局负责人座谈时的讲话 /176
在中国文化遗产研究院和德国考古研究院合作谅解备忘录签字仪式上的致辞 /178

在会见美国凯悦集团总裁贝思佳先生时的谈话 /180
在文化部驻外文化处（组）及文化中心负责人年会上的报告 /184
关于海南国际旅游岛建设中重视文化遗产保护的提案 /198
在与阿拉伯埃及共和国政府签署合作协定仪式上的讲话 /202
在中国科技史及其与世界其他文化的相互影响国际会议开幕式上的致辞 /204
在扬州“大地与水：景观美的认知”国际学术研讨会上的主题报告 /207
关于加强对外文物交流、提高中华文化国际影响力的提案 /221
关于加强文化遗产领域对外援助工作的提案 /224
在会见佳士得（克里斯蒂）拍卖行帕特丽夏·巴比泽董事长时的谈话 /227
在与秘鲁共和国文化部签署谅解备忘录仪式上的讲话 /230
在中国清代铁香炉及汉白玉底座捐赠仪式上的讲话 /233
在会见国际文化财产保护与修复研究中心布什纳吉主任时的谈话 /235
在 2011 欧亚经济论坛开幕式上的致辞 /238
在世界运河城市市长论坛的主旨演讲 /241
在 2011 中国—东盟文化产业论坛开幕式上的致辞 /247
在与香港民政事务局领导及有关部门座谈时的谈话 /249
在与香港发展局领导座谈时的谈话 /256
在与澳门特区政府行政长官座谈时的谈话 /259
在会见瑞士驻华大使顾博礼时的讲话 /263
在会见美国驻华大使骆家辉夫妇一行时的谈话 /265
在香港饶宗颐文化馆开幕式上的致辞 /268

在中意合作文物保护修复培训班开学典礼上的致辞

（2004 年 2 月 9 日）

新春伊始，中意合作文物保护修复培训班正式开学，同时文物保护修复中心也正式建成启用，这是今年文物工作的大事，更是喜事。

中意两国都有着悠久的历史和灿烂的古代文明，拥有丰富的文化遗产，保护好这些珍贵的文化遗产是我们共同的责任。50 多年来，中国文物博物馆事业蓬勃发展，文物保护修复工作取得了很大的成就，这与许多国家和国际社会的支持和帮助是分不开的。1995—1998 年中意两国政府合作，成功建立了西安文物保护修复中心，培养了一批专业人才。在此基础上，2002 年中意两国政府又签署了第二次中意文物保护修复培训项目备忘录，正式启动了新一轮的文物保护合作计划。希望这次合作能取得更大的成功，把培训中心办成一个高水平的文物保护修复培训中心；希望学员们珍惜这次宝贵的学习机会，认真学习，研究和掌握国际先进的文物保护修复技术和理念。

中意两国政府和双方合作单位为此次培训做了大量的准备工作，在此，要特别感谢意大利外交部合作发展司、国际文物保护与修复研究中心、非洲和东方研究中心的大力支持。同时，我们希望通过合作进一步增进友谊，促进双方在文化遗产保护领域更为深入的合作，为保护好人类共同的文化遗产做出新的贡献。

在国际古迹遗址理事会会议欢迎会上的讲话

（2004年7月8日）

今晚，在美丽的古都北京，我很高兴代表中国国家文物局欢迎出席国际古迹遗址理事会（International Council on Monuments and Sites，ICOMOS）执行委员会会议和亚太地区会议的全体代表及各位来宾。

国际古迹遗址理事会是联合国教科文组织的专业咨询机构，多年来为推进全世界科学全面地保护有形文物遗产的事业做出了不可替代的卓越贡献，在国际文化遗产保护领域具有举足轻重的影响。国际古迹遗址理事会中国国家委员会自1993年成立以来，一贯遵循国际古迹遗址理事会章程的原则和理念，积极参与国际古迹遗址理事会的国际文物保护交流与合作行动，为促进有关古迹、建筑群及遗址的保存、保护、修缮和加固的科学研究工作做出了不懈的努力。

中国政府重视同国际古迹遗址理事会的合作，积极支持中国国家委员会的工作。多年来，我们同国际古迹遗址理事会的朋友们共同致力于文化遗产的保护，建立了广泛深入的合作关系，结下了深厚的友谊，取得了累累硕果。

亚太地区是文化遗产十分丰富的地区。由于历史和地域的关系，中国与亚太国家的文化遗产保护有着相当多的共同点，具有发展区域性合作的良好基础。我们高兴地看到，中国国家委员会与亚太地区的同行们已经为加强这种区域性的合作做出了多方面的努力。我们希望这种合作能够得到持久深入的开展，对亚太地区文化遗产保护的整体发展产生积极的推动作用，并为全球的区域性文化遗产保护合作树立一个良好的典范。

在本次来京出席会议的代表和来宾中，有很多我们所熟悉的老朋友，也有一些初次来到中国的新朋友。中国古代伟大的思想家孔子曾经说过：有朋自远方来，不亦乐乎？我们衷心希望能借承办国际古迹遗址理事会执行委员会会议和亚太地区会议的机会，联络老朋友，结识新朋友，与国际古迹遗址理事会的朋友们加深了解，增进友谊，进一步扩大双边或多边的交流与合作，共同为保护文化遗产做出更加积极的努力。在今后的几天中，会议还将讨论许多重大议题。作为东道国，我们将尽力做好会议服务工作，为各位代表、来宾参会提供最大的便利。

本次会议的举办地北京是中国的首都，也是具有悠久历史和深厚文化底蕴的国家历史文化名城。北京在现代化建设的进程中，重视保护古都的传统风貌和文化特色，并在此方面开展了多项富有成效的国际合作。国际古迹遗址理事会第 15 届大会明年将在中国召开，中国政府对举办这次会议十分重视，中国国家文物局将全力支持国际古迹遗址理事会中国国家委员会积极开展大会的筹备工作。我们衷心希望大家能在这次短暂的会议期间，亲身感受到北京这个千年古都独特的文化魅力和北京民众的真诚、热情和活力，享受宾至如归的感觉。明年与更多的朋友相聚中国。我们将与各位同事共同努力，将国际古迹遗址理事会第 15 届大会开成一次成功、圆满的大会。

在全国文物外事工作会议上的报告

（2004 年 8 月 18 日）

自 2001 年在杭州召开全国文物外事工作会议以来，全国文物系统积极配合我国外交大局，促进文物外事工作不断进步。文物外事工作在我国文物保护事业中发挥着越来越重要的作用。为总结三年来文物外事工作取得的成绩并解决存在的问题，部署今后一个时期文物外事工作的主要任务，我代表国家文物局做工作报告。

全国文物外事工作会议

一、近三年文物外事工作取得的成绩和存在的主要问题

近年来，文物外事工作的内容不断丰富，范围不断扩大，项目不断增多，所取得的成绩主要表现在以下几个方面。

（1）各级文物部门更加注重在中国走向世界、世界了解中国的过程中发挥独特作用。文物外事工作呈现多层次、多渠道、多形式的全方位发展势头。文物外事工作的法规体系建设得到加强，管理方式得以改进。加强了对涉外科研项目的规划和协调，加强了宏观管理的力度，发挥了文物对外交流与合作在专业人才培训方面的特殊作用。

（2）加强了与多国政府之间的交流与合作，积极参与国际文化遗产保护领域的重要事务，在国际文化遗产保护领域的影响不断扩大，地位不断提升。三年来，在双边文化交流协定中，有关文物、博物馆和考古方面的合作条款愈加明确、具体和充实。顺利开展与

会见法国国家文物联合会主席

法国、希腊、葡萄牙、拉脱维亚、澳大利亚、柬埔寨、阿富汗、埃及、肯尼亚、坦桑尼亚等国家有关部门之间的交往与合作。与秘鲁、美国、澳大利亚、英国、印度、希腊等国家政府有关部门就共同打击文物走私达成合作协议或意向。与意大利、日本等国政府在文物保护领域开展的援助项目进展顺利。与柬埔寨政府签署了两国关于合作保护吴哥窟的谅解备忘录，与巴基斯坦考古局签署了有关合作考古的协议，各项工作均在落实之中。

（3）与有关国际组织和民间机构的合作得到加强。第 28 届联合国教科文组织世界遗产委员会会议在苏州成功召开。会议顺利通过了我国高句丽王城、王陵和贵族墓葬以及有关扩展项目列入《世界遗产名录》。2002 年，国际博物馆协会亚太地区第七次会议在上海召开，签署了《上海宪章》。2004 年，国际古迹遗址理事会执行

第 28 届世界遗产委员会会议

委员会会议和亚太地区会议在北京成功召开。我国代表在国际博物馆协会、国际文化财产保护与修复研究中心等国际组织和机构中担任了重要职务。我国在国际文化遗产保护事务中占有更为主动的地位。促进世界银行、美国盖蒂研究所、美国梅隆基金会、亚欧基金会、世界遗产基金会等机构与我国博物馆和考古科研机构卓有成效的合作。2004 年，中国首届博物馆及相关产品与技术博览会的成功举办，标志着市场营销理念已经开始在我国博物馆建设和发展中发挥影响，受到了世界博物馆界广泛关注。

（4）作为对外文化交流中最受欢迎、影响最大、最具特色的活动，文物展览的质量、数量和组织水平不断提高。注重出境文物展览的宏观调控和整体规划，精心组织筹划重要展览活动和精品展览项目。展览组织工作从追求展览数量转向更加重视展览质量和学术水平。赴巴西“永恒的中国——五千年文明展”、赴美国“雪域藏珍——中国西藏文物展”等，有力地配合了重要的外交活动，并取得了巨大成功。在努力实施“走出去”战略的同时，“引进来”的工作得到加强，各地博物馆相继组织了来自意大利、日本、希腊、法国、巴西等国家的文物展览，公众反响热烈。

（5）积极参与国家重要的对外文化交流活动。由中法两国领导人亲自倡导、在法国举办的“中国文化年”，是迄今为止我国规模最大的对外文化交流活动。“神圣的山峰展”“中国四川省出土文物展”“康熙时期艺术展”和“孔子文化展”获得巨大成功。法国总统希拉克多次参观上述展览并给予高度评价。展览引起轰动，其影响超越法国国界，扩大到整个欧洲，观众总计近 100 万人次。展览期间，中国考古学者首次在法国最高学术机构——法兰西学院做学术报告，引起了法国学术界的广泛关注和高度评价。

会见法国前总统希拉克

会见日本平山郁夫先生

（6）涉外文物保护技术和科研工作得到加强。合作项目不断增多，合作形式更加多样，研究水平有所提高。一些文物保护技术合作项目取得了世界领先的科技成果。中德合作保护秦始皇兵马俑彩绘、中美合作保护敦煌莫高窟等项目取得了突破性进展。我国在考古研究领域取得的成就为国际考古界所关注，与我国合作开展考古研究的国家不断增加。与德国、瑞士、美国、英国、加拿大、日本等国家进行的合作考古研究项目不断深入。

（7）与我国香港、澳门特别行政区和台湾地区的合作交流工作卓有成效。加强了与香港、澳门特别行政区政府之间的联系，在文物保护领域的合作不断深入。内地考古机构多年来一直为香港、澳门特别行政区的考古发掘工作提供技术和人员方面的援助。互相交换举办文物展览和人员互访次数、学术交流的数量和质量呈上升趋势。多年以来，香港、澳门特别行政区与内地紧密合作，打击文物走私等违法犯罪活动，为阻止中国文物非法流失做出了不懈努力，并已将多批非法流失的文物返还内地。香港、澳门特别行政区积极参与有关文化遗产保护国际组织的活动，2003年在香港举办的“国际水下考古研讨会”取得良好效果。澳门的世界文化遗产申报工作进展顺利。与台湾文物博物馆界开展的各种交流活动有力反击了台湾推行的“去中国化”的台独企图。大陆博物馆赴台举办的“秦始皇兵马俑展”“唐代文物大展”“佛指舍利赴台供奉瞻礼”和“妈祖文物展”等展览在台湾引起轰动，增强了台湾公众对中华文化的认同感，加深了对海峡两岸文化同宗、同源的理解。选派大陆文化遗产保护专家、学者前往台湾开展交流活动，通过讲座和学术研讨会加深两岸民众对中华文化的理解和热爱。邀请台湾有关人员来大陆访问，考察有关博物馆和考古遗址，文化遗产成为联结海峡两岸民众情感的重要纽带。

在台湾政治大学的专题报告

（8）国际合作打击文物犯罪成效显著。海关、公安等部门加大打击文物犯罪的力度，对西安阳陵等地发生的几起非法盗窃文物案中的流失文物进行了成功追索。瑞典、美国、加拿大、墨西哥、英国、澳大利亚、新西兰等国家多次通报我国流失文物的情况。我国也向有关国家通报他国文物非法流入我国境内的有关情况。

回顾三年来文物外事工作，我们深深体会到国家强大、民族昌盛是文物外事工作的坚实基础，改革开放、兼收并蓄是文物外事工作的根本前提，悠久的历史、灿烂的文化是文物外事工作的丰富内涵，服务大局、面向世界是文物外事工作的基本原则，业务过硬、作风优良的人才队伍是文物外事工作的有力保证。

在总结经验的同时，我们清醒地认识到工作中存在的一些问题，束缚和限制了文物对外交流与合作的扩大和发展。

（1）文物外事法规体系不够完善，文物外事工作中还存在着一些制度缺失的环节，新修订的《中华人民共和国文物保护法》及其实施条例的有关规定尚未在现行文物外事规章中得到体现。一些单位在开展文物外事工作中还存在着有法不依、执法不严的情况，甚至违规操作，给文物安全带来隐患。

（2）文物外事工作的主动性、计划性和前瞻性有待加强，配合外交政策、对外文化交流大局的工作水平需要进一步提高。一些文物博物馆单位在开展文物对外合作的过程中，还存在着只顾眼前利益、局部利益的现象，缺乏大局意识和长远发展计划。

（3）文物外事工作管理水平有待提高，在开展对外合作项目过程中，重立项轻管理、有审批无监督的现象普遍存在。

（4）尚未形成一支适应新形势要求的高素质外事人才队伍。亟待培养一批熟悉文物外事法规、掌握专业知识、精通外语的复合型人才。

二、今后一段时期文物外事工作的总体思路和主要任务

（一）今后一段时期文物外事工作的总体思路

（1）做好文物外事工作，要求我们进一步完善文物外事工作法规体系，制定中长期发展规划，有计划、有步骤地了解和借鉴其他国家在文化遗产保护方面的先进管理经验和科学技术。要增强对外开放的力度，尽快改变国内文物博物馆界相对封闭的状况，通过积极开展对外合作，认清差距，吸取经验，努力使我国早日成为世界文物保护强国。

（2）做好文物外事工作，要求我们提高认识，深刻理解文物外事工作在我国整体外交工作中所发挥的独特作用，充分发挥文物工作特点，在工作实践中强化大局意识、主权意识和文物安全意识，

以维护国家利益和确保文物安全为工作的基本原则。

（3）做好文物外事工作，要求我们在继续加大“引进来”工作力度的同时，积极实施“走出去”战略，进一步发挥我国在国际文物保护工作中的作用。

（4）做好文物外事工作，要求我们加强宏观管理和整体调控，提高对外合作的层次和学术水平，重视合作效果。

（5）做好文物外事工作，要求我们大力加强人才队伍建设，要通过各种方法、各种渠道加强文物外事队伍培训工作。在开展文物对外合作项目过程中，有目的地在实际工作中培养人才、锻炼队伍。

（6）做好文物外事工作，要求我们重视基础建设。要健全文物外事工作程序，强化文物外事资料的收集和整理，加强文物外事工作信息化建设，全面提升文物外事工作的管理水平。

（二）今后一段时期文物外事工作的主要任务

（1）加大建章立制和依法管理工作的力度。严格执行新修订的《中华人民共和国文物保护法》及其实施条例和《中华人民共和国行政许可法》等相关法规，加强文物外事工作有关的法规建设，依法开展文物对外合作工作。严格规范对外文物展览工作。严格按照外事规定审批、管理出访团组。

（2）支持、引导和规范对外文物交流项目。进一步加强与各国政府间的合作。今后一段时期内，继续重点开展与法国、意大利、德国、英国、美国等文化遗产保护先进国家的交流与合作；扩大与日本、韩国、巴基斯坦、印度、阿富汗、越南等周边国家在文化遗产保护领域的合作范围，加强深度合作；同时加大与亚洲、非洲和美洲发展中国家的交流力度。

中国、阿富汗文物保护合作协议签字仪式

会见印度驻华大使

作为世界有关文化遗产保护四个公约缔约国和三大国际组织成员国之一，我国将继续遵守有关国际公约和规定，在世界文化遗产保护事业中履行职责，发挥应有的作用。加强与国际博物馆协会、国际古迹遗址理事会、世界遗产中心、罗马文物保护修复中心、美国盖蒂基金会、美国梅隆基金会等国际组织和民间机构的联系与合作。

加强和完善我国世界文化遗产的申报和管理工作。加强与国际世界文化遗产保护机构的沟通和交流，鼓励并支持我国世界文化遗产管理机构积极参与世界文化遗产保护活动。

2005年，将有千余名来自世界各国的文化遗产保护人士云集西安，参加首次由我国举办的国际古迹遗址理事会第15届大会。这次会议将对推动世界文化遗产保护工作产生积极影响。我们要集中力量，全力办好这次会议。

（3）组织对外文物展览仍将是开展文物外事工作的重要形式，需要进一步加强管理、注重实效、提高对外文物展览的组织和学术研究水平。本次会议拟讨论修订的《文物出境展览管理规定》，就是希望进一步加强宏观管理，规范操作程序，促进对外文物展览工作持续、健康、有序地发展。

要继续做好中法文化年有关文物展览的后续工作。协助组织“法国文化年”在中国的有关活动。实施品牌战略，策划对外文物展览精品工程。保证赴美国、英国、日本、德国等国家和中国香港地区的大型文物展览筹备工作如期完成。对中小型对外文物展览的政治性、学术水平要有严格要求。防止文物展览过多、过滥、质量差、学术水平低的现象发生。鼓励国内文物博物馆单位在条件具备时组织更多国外优秀文物展览来华展出。组织“古代印度文明展”等重要文物展在国内的巡展工作。在实施中应逐步引进先进运作机制，采取有效管理措施，注重社会效益。

会见德国普鲁士基金会主席一行

（4）加强对涉外考古研究项目和文物保护维修项目的管理，加快“走出去”实施文化遗产保护合作项目的步伐。继续积极开展涉外考古工作，要特别加强边疆和周边国家及地区的考古工作。对已确定的合作项目实施目标管理，使合作项目更具针对性，更有利于发挥我方的主动性。对需要外方参与或给予技术支持的重点文物保护项目，应考虑通过国际公开招标方式确定外方合作伙伴的可能性。确保已批准的涉外考古合作项目的实施完成，保证与瑞士、美国、日本、德国等国家有关科研机构在山东、山西、河北、陕西、青海、新疆等省、自治区合作开展的考古发掘项目正常进行。要重视公布、出版有关合作发掘的研究成果。鼓励、支持各地文物保护技术科研机构开展对外合作，提倡在文物保护领域通过国际合作开展科学技术创新，推广应用新技术、新手段和新方法。继续做好已开展的文物保护援外项目。启动援助柬埔寨吴哥窟文物保护二期工程，筹备赴巴基斯坦等周边国家开展的考古发掘、研究和文物保护修复项目，逐步扩大我国在世界文化遗产保护领域的影响。

（5）大力开展博物馆领域对外合作工作，促进我国博物馆建设和管理水平的提高。我国博物馆正迈入一个高速发展阶段，与国际博物馆界的全面接轨已成必然，差距正在逐渐缩小。广泛开展博物馆间的国际合作必将促进我国更多博物馆早日步入世界先进博物馆行列。推动我国文物博物馆机构与美国大都会博物馆、英国大英博物馆、法国罗浮宫博物馆等世界著名博物馆开展合作交流。要系统研究国际重要博物馆的管理体制和运行机制，促进我国博物馆事业的发展。

（6）通过不同渠道，更多了解我国文物流失海外的情况，坚决打击文物走私活动。开展专门课题研究，通过我国驻外使领馆，

在海峡两岸博物馆弘扬中华文化论坛上的专题报告

国外友好人士、机构等多种渠道了解我国流失文物的基本分布情况，逐步建立专门档案。按照有关国际公约，继续与相关国家开展更密切合作，坚决打击国际文物走私活动。

（7）继续做好与我国香港、澳门特别行政区和台湾地区的合作交流，加强内地文物博物馆机构与三地之间的人员和学术往来。继续加强与香港、澳门特区政府有关部门合作，选派内地专家参与支持两地的考古发掘和研究工作，鼓励两地有关部门和专家参与有关国际组织和机构的活动，支持并指导澳门申报世界文化遗产的工作，促进两地博物馆与内地博物馆的交流。继续保持与台湾文物博物馆界的密切联系，按程序审核报批两岸互访团组，鼓励两岸文物博物馆专家互访，保证两岸已签订交流项目的正常实施。

保护文化遗产已成为全人类的共同行为，也是历史赋予我们的使命，文物对外合作前景无限，大有作为。我们要努力贯彻实施《中华人民共和国文物保护法》，在更广泛的领域中，提高文物外事工作水平，促进对外文化交流向纵深发展，为我国文物博物馆事业的蓬勃发展做出更大贡献。

在“古代文化交流与考古学研究”国际学术研讨会上的讲话

（2004年9月7日）

由中国社会科学院考古研究所举办的“古代文化交流与考古学研究”国际学术研讨会今天开幕了。首先，请允许我代表中国国家文物局对研讨会的召开表示热烈的祝贺，并对前来参加会议的国内外学者表示诚挚的问候！

在经济全球化的今天，对文化多样性的呼声日趋强烈。人们意识到，只有保持民族的特殊性，才能在世界文化领域中立于不败之地。在古代何尝不是如此。不同地域、不同历史背景的人们创造了不同特征、不同类型的文化，正是由于文化的特殊性才产生了文化交流的需求。在文化的交流与融合中，各种文化在保留自身特点的同时，也吸收了其他文化的精华，从而促进自身文化向更优秀的方向发展。我们今天提倡加强国际学术的交流与合作，正是为了弘扬本民族的传统文化，使异彩纷呈的世界文化更加绚丽夺目。

中国与周边国家古代文化的交流以及中国和西方古代文化的交流，一直受到国际考古学界的普遍关注。长期以来，国家文物局一直致力于推动这方面的考古研究工作。中华古代文化的形成与发展，始终受到其他古代文明的影响，特别是新疆、内蒙古、西藏等边疆地区更是古代文化交流、融合的前沿地带，在研究古代文化交流中具有特殊的位置和意义。因此，2000年以来，国家文物局开始设立边疆考古课题，进一步推动上述边疆地区的考古研究工作。

我们注意到，近年来，中国社会科学院考古研究所、中国科学院古脊椎动物与古人类研究所、北京大学、中国文物研究所、陕西省考古研究所、四川大学等研究机构和高等院校与新疆、内蒙古、西藏、广西、云南、贵州等地区合作开展了一系列田野考古发掘与勘察工作，取得了许多重要成果。宁夏水洞沟遗址、新疆民丰尼雅遗址、西藏拉萨曲贡遗址、广西桂林甑皮岩遗址、内蒙古吐尔基山辽代墓葬等考古发掘成果都曾引起国内外学术界的高度关注。特别是像尼雅遗址出土的“五星出东方利中国”汉晋时期织锦等实物资料，向我们生动展示了古代边疆地区与内地文化的密切联系。

石空大佛寺

中国与周边国家古代文化交流的考古发掘与研究工作也一直受到国家文物局的重视。20 世纪 90 年代中期以来，我们委托中国文物研究所、中国社会科学院考古研究所等机构组建考古队，参加了柬埔寨吴哥窟遗址发掘等项目，并计划独立组团赴巴基斯坦、蒙古开展考古发掘工作。今后，我们将更多地走出去，扩大中国考古学在国际上的影响。国家文物局还先后批准了美国、日本、德国、法国、意大利、澳大利亚等国的高等院校或研究机构参加中国境内的合作发掘项目。此外，中国的考古学家也以各种方式应邀赴德国、俄罗斯、法国、日本等国参加田野考古发掘工作。这些考古合作项目一方面增强了中国考古学界与国际学术界的学术交流，另一方面也极大地推动了古代文化交流的考古研究工作。今年 8 月，国家文物局在山东青岛召开了全国文物外事工作会议，就进一步推进考古学领域的国际合作，加强中外文化交流考古学研究工作做了进一步的部署。

本次会议邀请了来自中国、英国、美国、俄罗斯、韩国、日本等国家和地区的五十多位专家学者，围绕“中国考古学与古代中外文化交流的关系”的中心议题进行深入探讨，论证考古学研究在解史、证史方面的作用，加强考古学研究与丝绸之路、海上交通史、中西文化交流史等领域研究的内在关系。会议总结近年来中国考古界开展对外学术交流与合作的成果，为各国考古专家和学者搭建起难得的学术交流平台，为今后深入开展合作研究工作奠定良好的基础。我们深信，今后古代文化交流的考古学研究，一定会取得更加长足的进展。

在我国驻纽约总领事馆招待会上的讲话

（2004 年 10 月 5 日）

昨天，2004 年 10 月 4 日，是中美文化交流史上又一个令人难忘的日子——“走向盛唐展”在大都会博物馆隆重开幕了。这个展览由中国国家文物局和美国大都会博物馆主办，中方参展单位多达 47 家，展品数量超过 400 件。“走向盛唐展”是中美文物博物馆界的同人 6 年来携手合作的结晶，谱写了中美文化交流史的新篇章。

20 世纪 70 年代末，大都会博物馆曾与中方合作举办了“伟大的青铜时代展”展览，获得巨大成功。至今这个展览在美国仍被称作中国文物展览的“经典之作”。20 多年后的今天，在大都会博物馆举办的“走向盛唐展”，用出土文物勾画出中国东汉、魏晋南北朝直至隋代、盛唐的 500 多年历史，将这段历史直观地呈现在美国观众面前，为美国民众进一步了解中国古代文明提供了新的视角。

当今的中国是向世界开放的中国。中国文物对外交流在中国的文化、外交工作中发挥独特的作用。胡锦涛主席在致第 28 届世界遗产委员会会议的贺词中指出，人类历史发展的过程就是各种文明不断交流、融汇、创新的过程。加强文明对话，有利于各国、各民族的相互了解和相互学习，有利于促进世界和平与发展的崇高事业。这次展览不正是为我们提供了中美两国之间文明对话、相互了解、相互学习的一次机会吗？

在中国国家文物局与美国规划协会合作备忘录签约仪式上的讲话

（2005 年 3 月 21 日）

今天是一个起点，来自东方文明古国的文物保护机构与世界规模最大的规划组织将为双方的合作共同开启新的篇章。正如中国的一句成语“殊途同归”，为了保护文化遗产的共同目标和理念，中国国家文物局和美国规划协会之间的合作必将具有美好而广阔的前景。

文化遗产是人类文明世代相传的宝贵精神资源和物质财富，是城市的核心和精髓。随着经济建设的快速发展，许多历史性城市中的文化遗产面临着遭受破坏的危险，这在许多发展中国家显得更为突出。

要妥善保护城市中的文化遗产，我们需要建立更加完备的保护法规体系，需要城市的管理者和全体居民具有更长远的目光、更自觉的保护意识和更强烈的历史责任感，需要更多的城市规划师、建筑师的积极参与，制定并严格实施与城市发展相协调的、切合实际的文化遗产保护规划。

中国政府一直努力寻找更多的合作伙伴参与中国的文化遗产保护工作。中国国家文物局期待着与美国规划协会在更为广泛的领域中开展长期合作，并相信这一合作必将有助于促进城市规划与文化遗产保护的完美融合，使更多的历史性城市得到有效保护。

从“功能城市”到“文化城市”——在全球经济一体化与文化保护高峰圆桌会议上的发言

（2005 年 3 月 21 日）

一、从“文物”到“文化遗产”

中国具有保护古代遗存的悠久传统。早在 1 000 多年前的宋代，收集、研究和刊布金石铭刻就已经形成学科，文人雅士则热衷于收藏与鉴赏“古玩”。20 世纪初，通过对古代遗存发掘和研究而重建古代历史的现代考古学带来了“文物”的概念，从此，古代遗存的文化内涵和价值得以不断揭示。20 世纪末，中国文物保护进入了一个新的阶段。在理论和实践中对于文化遗存有了更加深入的认识，无论在保护的对象和范围方面，还是在保护的手段和措施方面，“文化遗产”的概念具有更为深刻、更为丰富的内涵。

二、文化遗产保护领域的扩大

文化遗产是一个博大的概念，随着时代的进步，我们对它的认识在不断深化。从保护宫殿、寺庙、教堂等建筑艺术精品，发展到保护传统民居、作坊等反映人类生活方式的普通历史建筑；从保护单体的文物建筑，到保护建筑群及周围的历史环境，再到保护成片的历史文化街区，进而发展到保护完整的历史性城市。认识的不断深化推动着保护工作的实践呈现出令人欣喜的发展态势。

文化遗产的保护领域还将不断扩大，我们已经认识到对那些体现不同时代、不同民族、不同地域的文化景观、文化线路，对那些在群体上更能体现人与自然的和谐，更能作为社会发展生动例证的文化遗产廊道、文化空间，同样应当给予更多的关注和呵护。同时我们也注意到，在文化遗产保护工作中，尊重文化多样性，重视保护不同文化背景的非物质文化遗产也逐渐成为世界潮流。我们要注重对这些文化遗产保护领域新成员的研究，在城市规划和建设中切实加强对它们的保护。

今天，我们没有必要担心列入文化遗产保护范围的遗产数量太多，和居住在这个星球上人类共同的需要相比，和我们子孙后代的需求相比，在这个每时每刻都在变化着的世界上，可供我们保护的文化遗产不是太多，相反，却是太少。我们有理由紧急行动起来，争分夺秒地为当代，更为后代，把那些难得的、反映人类社会进程的文化遗产抢救下来，把更多的文化遗产列入保护之列。

三、文化遗产保护的现实作用

文化遗产是一个永恒的话题，它既是历史的，又是现实的，还是将来的，同时，文化遗产更是大众的。当人类文明发展到21世纪时，仅仅把文化遗产狭义地当作一件物品“保留下来”是不够的，更重要的是发现、发掘、发扬文化遗产所蕴含的历史的、科学的、艺术的价值，使文化遗产进一步融入人们生活、融入社区、融入城市，既给专业人士，但更多的是给大众以启迪和精神的、情感的、美的享受。越来越多的人认识到，在城市化加速进程中，城市优秀的文化遗产也是城市现代化的重要内容，城市现代化不仅仅意味着具备完善的基础设施、良好的生态环境，更要求拥有深厚的文化底蕴和内涵。有了这样的共识，就必然引发人们在城市现代化进程中竭力保持原有文化传统与特征的渴望与努力。

文化遗产对于当代社会的可持续发展，具有多重意义，有社会的，也有经济的；有精神的，也有物质的。我们要永远把它的社会效益放在第一位，即把保护放在第一位。在此前提下，还要主动地发挥文化遗产多方面的作用。作为文化遗产的管理部门，有责任探索更积极、合理、有效的途径，为保护文化遗产提供更广泛、更强大的舆论支持和更丰富的物质保障，使文化遗产真正为社会公众所共享，取得更大的社会效益和经济效益，更有力地推动文化遗产所在地经济社会的和谐发展。

四、规划应更加关注文化遗产保护

城市是一种历史文化现象，是一个民族的记忆载体，每个时代都在城市的建设中留下了自己的痕迹。保存城市的记忆，保护历史的延续性，保留人类文明发展的脉络，是现代社会发展的需要。正如一位哲人所说：了解过去的1 000年，是为了更好地建设今后的500年。

不幸的是，我们注意到，在很多城市的规划和建设中，人们更多的是从经济和市政发展角度考虑城市的功能问题。处于强烈发展激情中的城市，包括众多具有悠久文化传统的历史性城市，都无一例外地以规模化和形式划一的模式，扩展着原有的城市规模。这样发展的城市留给时代一个最大的问题就是，失去了它与其他城市之间的区别，失去了其固有的文化特征，同时也失去了这个城市的“根”与“魂”。

发展经济是当今世界的主旋律，这本身无可非议，任何一个时代都要考虑生存与发展问题，人们可以为现代城市建设中的各种现象找到理由，但是失去记忆的城市无论如何都不是我们理想中的城市。如果仅仅强调经济发展而忽视城市的文化价值，必将极大地影响文化城市的生存，属于文化城市重要载体的文化遗产就无疑会受到威胁，传统文化和特色的消失也就不可避免了。城市规划当然要考虑功能发展的问题，但功能发展不是唯一要考虑的问题。在考虑文化城市延续的前提下考虑城市的功能，虽然可能延缓了城市发展中的某些短期行为，但是获得的却是城市的恒久价值。

五、规划与保护应建立起和谐关系

城市规划是综合性、全局性、战略性的城市发展蓝图，涉及城市居民生活中的各个领域，而每一处文化遗产的兴衰，也无不与民众的利益息息相关，因此必须将文化遗产保护的思想贯彻到城市规划的各个层面。根据文化遗产保护的需要，在规划上进行整体性控制，使城市建设既展示现代文明的崭新风貌，又突出文化城市的高雅品位。

如果我们不是将功能城市与文化城市相对立，如果我们在历史性城市的规划中，充分考虑到城市的文化特点，将文化遗产和城市特色作为城市形象的基础，文化遗产就不会被看作城市发展的包袱，而是城市中无可替代的重要财富，是城市可持续发展的资本和动力。这样我们就会看到，城市发展与文化遗产的保护和城市特色的保持并不矛盾。我们期待在城市规划师与文化遗产保护工作者的共同努力下，将城市发展与保护文化遗产的关系处理得更加和谐，建立起一种相互促进和相互依赖的协调关系。

城市化加速进程中文化遗产的保护——在2005年美国规划协会年会高峰论坛上的主题演讲

（2005年3月22日）

引言 “城市化加速进程”和“文化遗产保护”

（1）“城市”。城市是在人类历史活动的时空构架中，在文明与人类社会的发展进程中历史地生成的，从某种意义上说，城市本身就是文化遗产。城市不仅是人类为满足自身生存和发展需要而创造的人工环境，也是一种文化的载体和容器，它的变迁和发展，就是与城市有关的人类文化的变迁和发展本身。

（2）“城市化”。城市化水平不是一个简单的百分比数字。仅仅从科学研究和理论架构上进行分析，它就涉及经济、社会、城市规划、建筑、能源、环境和文化遗产保护等方面。城市化进程不单单是一个量的指标，更应该是一个质的飞跃。从“功能城市”到“文化城市”，就是这种质的飞跃的核心理念与理论概括。

（3）“城市化加速进程”。城市化进程曲线一般有两个转折点，第一转折点是城市化率从低到高，进入城市化加速期；第二转折点是城市化率的变化从快到慢。当城市化率达到70%以后，城市化基本处于饱和状态。一些国家的发展经历表明，当人均国内生产总值达到1 000美元、城市化率达到30%时，城市化将进入加速发展期。

（4）“文化”。文化是一定的历史阶段、一定的地域环境、一定的人类族群的一种生存状态、生活习惯、思维方式的反映。文化是一条历史长河，从远古流到现在，从现在还要流向未来。尽管千变万化，但是作为特定的文化，总保留着祖先的基因。我们研究文化遗产，就是在研究人的生存状态，研究人的过去和未来。

（5）“文化遗产”。文化遗产是人类世世代代的创造和积累，积淀着各个历史时期的杰出贡献。人类社会的发展是建立在对过去文化、智慧的继承和总结之上的，通过文化遗产，人们才能够认识自己从何处来，认识祖先如何一步步走到今天。由此更加清晰地了解人类的追求，明确我们如何走向明天，走向未来。

（6）“文化遗产保护”。文化遗产保护对于传播科学文化知识，弘扬和培育民族精神，保持人类文化多样性，促进世界各国、各民族之间的相互尊重和相互理解都具有无可替代的意义和作用。保护文化遗产是历史赋予当今社会的崇高责任，是实现人类文明延续和可持续发展的必然要求，是造福人类的千秋功业。

（7）“城市化加速进程中文化遗产的保护”。城市化加速进程是举世关注的战略工程，特别是经济、文化相对落后，资源环境比较紧张,人口众多的发展中国家的城市化加速进程,更为复杂艰巨。这一时期也是文化遗产保护的关键阶段，正确处理好建设与保护的关系，对于保持经济、社会全面、协调、可持续发展具有十分重要的意义。

第一部分　中国的“城市化加速进程”和“文化遗产保护”

中国文化遗产保护已经进入特殊的历史阶段。不可否认，与先进国家相比，在管理理念、科研水平以及对自身文化价值的发掘上，我们尚有不少差距。在新的形势下，如何调整文化政策，保持文化多样性；如何更好地承担起国家责任、国际责任，城市化加速进程中的中国文化遗产保护面临着新的重大课题。

一、中国城市化发展的状况和态势

中国的城市化进程比发达国家晚得多，从 19 世纪后半期开始，速度很慢，发展也不平衡，东南部沿海较快，而内陆大部分地区仍处于农业社会阶段。至 20 世纪 70 年代末，城市化率约为 14%。随后，城市化速度加快，至 1986 年达到 26%，1999 年达到 29.5%。进入 21 世纪，城市化进入加速发展阶段。

1996 年，中国政府发表《中华人民共和国人类住区发展报告》，提出到 2010 年，全国城镇人口达到 6.3 亿左右，城市化水平达到 45% 左右。这是一个历史性的跨越。8 年后的 2004 年，中国城市化水平已经达到 38% 以上。照此发展，到 2010 年，中国的城市化水平将顺利达到 45%，2020 年将接近 60%。

一些发达国家的城市化历程证明，城市人口超过总人口的 30%，每年城市化率将增加 1% ~ 2%。这就意味着今后中国每年将有 1 000 万 ~ 2 000 万的农民人口移居到城市。在此情况下，住房、就业需求必将引发大规模的城乡建设，造成城市规模迅速扩大，城市建设与文化遗产保护的矛盾异常突出。

二、中国文化遗产保护事业的基本状况

1982 年颁布的《中华人民共和国文物保护法》，标志着中国以文物保护为中心内容的文化遗产保护制度的形成，并提出了历史文化名城的保护。2002 年新修订的《中华人民共和国文物保护法》，将历史文化街区、历史文化村镇的保护纳入法律内容，标志着中国开始建立起单体文物、历史地段、历史文化名城的多层次保护体系。

中国登记在册的地上地下不可移动文物有 40 余万处，先后公布全国重点文物保护单位 1 271 处，省级文物保护单位约 7 000 处，地县级文物保护单位 60 000 余处。中国拥有世界遗产 30 处，数量居世界第三位，其中世界文化遗产和文化与自然混合遗产 26 处，公布了 103 座城市为国家级历史文化名城。

中国现有各类博物馆 2 200 余座，近年来先后新建和改扩建一批大型综合性博物馆和专题博物馆，形成了门类齐全、特色鲜明的博物馆体系。其中国有博物馆共有文物藏品 1 200 多万件。全国各类博物馆每年举办 8 000 多项展览，其中有 60 多项文物展览赴国外展出，积极地推动了国际文化交流与合作。

第二部分　城市化加速进程中文化遗产保护存在的主要问题

当前，就中国文化遗产保护总体情况而言，面临着前所未有的重视和前所未有的冲击并存的局面；就大多数历史文化名城而言，面临着局部状况有所改善和整体环境持续恶化并存的局面。一方面，国家对于文化遗产保护立法速度加快，资金投入加大；另一方面，一些历史文化街区迅速消失，文化遗产遭到破坏。

（1）城市规划编制思路急需改进。面对城市化迅猛发展之势，历史性城市的总体规划往往沿用单一中心的规划布局和传统城市扩张模式,使城市中心区功能过分聚集,建成区的扩展呈“摊大饼”趋势，“分散集团式”的结构模式、“环形加放射”的路网格局等方式也难以应对日益恶化的交通、环境、文化遗产保护等问题。

（2）城市“千城一面”的问题突出。目前，“特色危机”成为城市建设中的共性问题。规划手法抄袭趋同现象十分普遍，造成“南方北方一个样，大城小城一个样”。不少城市追求大体量的建筑物、大规模的建筑群，导致城市面貌千篇一律，致使一些独具特色的历史性城市和历史文化街区，正在被杂乱无章的新建筑群所淹没。

（3）“旧城改造”造成“建设性破坏”。历史性城市的旧城区有较好的区位优势，位于房地产开发高价争夺的黄金地段，这些地区同时又是城市记忆保持最完整、最丰富的地区。一些城市在“旧城改造”的旗帜下，为追求经济效益最大化，实施“推平头”式拆迁，盲目地在旧城区内兴建高层建筑，使文化遗产和历史环境遭到严重破坏。

（4）“危旧房改造”引发社会问题。一些城市在实施“危旧房改造”工程中，将危房和旧房混为一谈，一并列入拆迁范围；引进房地产商业开发，不适当地要求“就地平衡”；不惜以拆除传统建筑为代价，谋求开发收益；对居住邻里不屑一顾，破坏原有的社区组织；片面追求基础设施和住宅的统一建设，忽视历史文化街区的多样性特色。

（5）年久失修造成传统建筑衰败。由于长期以来重改造轻管理和房屋产权制度不完善等原因，传统建筑失修失养，基础设施条件简陋，危房数量大幅增加；同时居住人口急剧膨胀，违法建设情况严重，造成居民生活条件恶化。历史性城市中心地区出现房屋破旧、人口过密、居住拥挤、环境恶化等衰败的趋势。

（6）“政绩工程”凸现短期行为。一些城市领导者力求在任期内使城市面貌发生“日新月异”的变化，热衷实施“政绩工程”，突出表现为小城镇盲目模仿大、中城市，片面追求大广场、大草坪、大绿带、大水面、景观大道，为了气势而不顾环境，把高层建筑作为城市现代化的标志，而将文化遗产视为城市建设的包袱和障碍。

（7）建筑设计缺少文化内涵。近年来，建筑设计刮起“欧陆风”，把欧美各个时期的建筑流派堆积在一起，每栋建筑极端地强调个体的面孔与性格，追求形式上的独特和怪异，却很少考虑它与环境的文化关系。大部分设计既无历史文化内涵，也无建筑创作意境可言，导致历史地段的民族传统、地方特色逐渐失落和让位。

（8）穿过式交通影响旧城道路格局。一些城市的道路交通规划理念和设计手法陈旧，为了解决机动车数量不断增长带来的交通压力和满足高速快捷城市交通的需要，投入大量资金拆房修路，拓宽传统街道，建设穿过式交通干道和立体交叉道路系统，使“曲径变通途”，改变了旧城空间形态及街巷肌理，导致旧城传统道路格局遭到破坏。

（9）擅自改变文物管理体制。有的地方将文物保护单位等国有文化遗产转让、抵押给企业作为资产经营。文化遗产不是一般的物质财富，而是一种文化资源，具有公共性和公益性特性，而企业投资开发文化遗产的主要目的是追逐利润的最大化，往往表现为急功近利，甚至导致竭泽而渔、破坏文化遗产的恶性事件发生。

（10）错位开发造成文化遗产伤害。一些文化遗产面临游客超载、错位开发的严重威胁。游客威胁，主要表现为“人满为患”；开发威胁，主要表现为“楼满为患”。“人满为患”，使文化遗产不堪重负，给文物本体带来无法弥补的损害；“楼满为患”，使文化遗产地“商业化”“人工化”和“城镇化”，严重伤害文化遗产的原生环境。

（11）法人违法的现象屡禁不止。一些地区或部门的决策者守法意识不强。一旦文化遗产保护与经济利益构成冲突，无论行为是否触犯法律，也不管专家学者如何呼吁，他们总会千方百计利用权势对历经千百年的珍贵文化遗产加以破坏，使独具特色的历史文化街区渐渐从人们的视野中消失。

（12）文物安全形势依然严峻。文化遗产遭到损害的事件屡见不鲜。违法建设、盗掘古墓葬、盗窃馆藏文物、走私和非法交易文物等行为屡禁不止，文物犯罪活动呈现集团化、智能化、暴力化趋势。同时，文物行政执法的体制不顺畅和机构不健全，严重影响了执法力度和行政处罚力度，致使一些违法事件没有依法得到严肃处理。

（13）应对自然灾害缺乏科技手段。必须承认，在频发的自然灾害面前，文化遗产往往显得十分脆弱。雨水入侵、风沙危害、自然坍塌、生物虫害等自然破坏使不可移动文物面临着诸多挑战；霉变、酥碱、起甲、变色、脱落等病害，使馆藏文物难以长久保存。在文物本体保护的诸多技术难题面前，今天科学技术的贡献率尚不高。

（14）资金短缺影响保护工作开展。限于经济发展水平，政府财力远远不能满足文化遗产保护的需要，特别是经济落后地区更难以对文化遗产保护提供经费支持。同时，资金来源渠道狭窄，严重依赖政府财政，民间资金投入文化遗产保护未形成规模。经费短缺的直接后果是大量文化遗产保护工作不能及时到位，小病拖成大病。

第三部分　城市化加速进程中加强文化遗产保护的思考与实践

城市与城市中的人都正在迈向现代化。而越是现代化，人们对于城市在人文精神方面的品位要求就会越来越高，对于城市历史文化方面的追求就会越来越突出，文化遗产在城市中的地位就会越来越重要。民族传统、地方特色就会同时代精神一起，越来越成为人们衡量城市品位优劣的重要标准。

（1）探索区域整体协调发展战略。实现区域经济协调发展，既是国家的发展战略，也是大多数城市发展的客观要求。特别是历史性城市通过实施区域规划，可以缓解在城市规模、布局方面过于集中的压力，通过整合资源、提升质量，在继续加快发展的同时，切实促进文化遗产的保护和利用，更好地适应经济全球化、区域经济一体化的趋势。

（2）实施“跳出旧城，发展新区”战略。在城市化加速进程中，新城和旧城的关系问题变得更加突出。对于历史性城市来说，重新确定城市总体布局结构，明确新的城市发展方向，就成为城市规划首先面临的战略性问题，也是历史性城市保护的首要问题。城市发展实践证明，“跳出旧城，发展新区”的发展模式，有利于保护与建设互不干扰，相得益彰。

（3）树立城市规划中的保护观念。城市规划是综合性、全局性、战略性的发展蓝图，涉及生活中的各个领域，因此必须将文化遗产保护的思想贯彻到城市规划的各个层面，避免文化遗产保护与其他工程建设的割裂。城市规划要树立文化遗产不是城市发展的包袱，而是城市发展的财富、资本和动力的观念，将文化遗产保护融入城市设计之中。

（4）贯彻旧城“有机更新”方针。历史文化名城保护和城市规划管理工作中，应废除“旧城改造”的错误方针和口号。旧城要实施整体保护。旧城内的传统建筑重在加强日常修缮和采取“有机更新”方式加以改善。特别是动员社会资金，以自助力量进行小规模整治与改造，既有利于保护传统特色和原有社区结构，也有利于住宅产权制度的改革。

（5）尊重城市原有路网格局。旧城用地性质和规模的控制应与交通控制相结合。旧城在规划上要防止城市快速路穿越；要避免形成超大规模的街坊，建设用地规模应符合旧城街巷的肌理，避免破坏原有的路网格局；应严格限制货运车和私人汽车进入旧城；大力发展公共交通，特别是完善地下轨道交通，形成对旧城未来交通格局的有力支撑。

（6）注重保持和发扬城市特色。城市化的发展必然带来文化的趋同，要重视城市文化的历史渊源，重视区域文化的差异，重视文化多元的保护。保护与城市血脉相连的传统历史文化，保留先人留给我们的街道、房子、礼仪、风土人情、生活习俗乃至饮食起居，保留一个城市独一无二的特色，因为只有这样才能保留住这个城市的精神世界。

（7）加强城市考古研究工作。城市应作为考古的重点对象，城市考古与历史性城市保护的关系非常密切。每一个古代城镇都有自己独特的发展特点，虽然历朝历代都有变化，但是由于生产力水平低下，城镇的基本规模和街道布局很难改变，历代积淀下来的遗存，就是城市中蕴含着的极为丰富的历史信息，这是文化遗产中最宝贵的一部分。

（8）强化文化遗产保护法制。在城市化加快进程中，文化遗产保护的软环境格外重要，主要包括有关文化遗产保护的法律制度、决策者和执行者的保护理念、社区及公民的保护意识。在软环境诸要素中，法律制度因具有强制性而最为刚性。在国家法律制定之后，单项法规成为国家法律的外延或执行细则，是对具体的文化遗产最直接的法律支持。

（9）遵守文化遗产保护的原则。文化遗产的保护不是一项简单的、短期性的建设行为，而是一项高层次的、长久性的文化活动。必须遵循“保护为主、抢救第一、合理利用、加强管理”的方针，在“不改变文物原状”的前提下，对文化遗产的保护要坚持真实性和完整性原则，对文化遗产的维修要坚持可读性、可识别性和可逆性原则。

（10）扩大文化遗产保护。近年来，文化遗产的保护领域不断扩大。继历史文化街区、村镇纳入保护范畴之后，文化景观、文化线路、文化遗产廊道、文化空间等新视点越来越为人们所接受。应当加强对这些文化遗产保护领域新成员的研究，把更多的反映人类社会进程的各类文化遗产列入保护之列，这也符合国际社会的最新潮流。

（11）重视保护与利用的结合。将文化遗产列入文物保护单位或收藏进博物馆，并不是保护工作的终极目的。保护文化遗产的根本目的，在于“子子孙孙永葆用”，这一保护过程要传之久远。重视保护与利用的结合，就要挖掘文化遗产潜在的文化内涵、经济价值和对城市发展的积极意义，使文化遗产融入现代社会生活，发挥更大作用。

（12）提高保护管理人员素质。做好文化遗产的保护工作，人才比资金更重要。要通过加强培训，有计划地培养不同专业、不同年龄段的专家和管理者，逐步提高专业人员占就业人员总数的比例，并实行文化遗产保护人员持证上岗、文化遗产保护机构负责人应取得文物行政部门颁发的资格证书的制度，以从整体上提高文化遗产保护人员素质。

（13）建立更加紧密的学科联系。文化遗产保护与社会科学和自然科学的诸多学科有着紧密的联系，在理论研究和实践中有着共同关心的课题，应该相互补充与完善。因此，文化遗产保护作为综合、全面、系统的学科，应与其他学科建立更为密切的合作关系，对于相关学科领域的发展与建设都会具有显著的促进作用。

（14）改善保护事业社会公共形象。文化遗产事业要善于调动城市化加速进程中的积极因素达到保护和发展的目的。作为公益性事业应更加注意自身的社会公共形象，取得社会的理解和支持。在现代信息社会中，文化遗产地不应将自己封闭起来、孤立于社会之外，而要变成美丽的地方，以其历史气息、文化氛围为人们带来欢乐和灵感。

（15）实施文化遗产保护全民动员。要通过宣传普及与文化遗产相关的知识，让更多人分享文化遗产所蕴含的丰富价值，增强民众保护文化遗产的意识，努力形成全社会关心、爱护并参与文化遗产保护的氛围。要使全社会关心并支持文化遗产事业，就要充分发挥民众监督作用，把文化遗产保护工作置于全社会的关注和监督之下。

结　语

在我们迈向21世纪的时候，我们憧憬着可持续的人类住区，企盼着我们共同的未来。我们倡议正视这个真正不可多得的、非常具有吸引力的挑战。让我们共同来建设这个世界，使每个人都有一个安全的家，能够过上有尊严、身体健康、安全、幸福和充满希望的美好生活。

城市规划与文化遗产保护应该建立更密切的合作关系——参加美国规划协会年会的感想①

（2005年3月25日）

美国规划协会是世界上历史最悠久、规模最大的专业规划组织，在国际规划界享有盛名。这次被邀请参加协会的年会，我感到十分荣幸，同时对于美国规划协会授予我2005年规划事业杰出人物奖深表感谢。我认为，这不仅是对于我个人多年从事城市规划工作的一种肯定，也是对我们正在进行的文化遗产保护事业的理解和支持。

我是一名建筑师和注册规划师，20多年来始终从事城市规划和文化遗产保护领域的工作，我热爱这两项工作中的任何一项，并且一直试图将在其中一方面取得的工作体会应用到另一方面的工作中。

长期的工作实践使我认识到，城市规划是一项前瞻性、综合性和战略性都很强的工作，城市规划的编制和实施对于文化遗产的生存关系重大，而每一处文化遗产的兴衰又都与广大民众的长远利益息息相关；同时我还体会到，文化遗产保护不是一项简单的、短期性的修建行为，而是高层次的、长久性的文化活动。文化遗产保护需要通过城市规划将其理念贯彻到城市建设的各个层面，使更多的文化遗产得到应有的保护；城市规划也需要通过实施文化遗产保护使自身得以完善并达到应有高度，实现更好地服务于社会的根本目的；这种相互依存的关系对于今天城市化进程加速的城市就显得尤

① 此文发表于《中国文物报》2005年3月25日第1版。

为重要。

因此我认为，城市规划与文化遗产保护应该建立起更加紧密的联系。两者在理论研究方面有着越来越多共同关心的课题，在实践中越来越不可分割。建立更为密切的合作关系，对于这两个学科领域的发展都将产生显著的促进作用。

我们一直努力寻找更多的合作伙伴参与到中国的文化遗产保护工作中来。此次，中国国家文物局与美国规划协会签署了合作备忘录，为了保护人类共同的文化遗产这一神圣职责和崇高目标，而在更广泛的领域中开展长期合作。我相信这一合作必将有助于促进城市规划与文化遗产保护事业的融合与进步，使城市规划与保护文化遗产的关系处理得更加和谐，建立起一种相互信任、相互依赖、相互促进的协调关系，通过共同努力，使我们的家园既拥有功能城市的舒适与效率，又突出文化城市的特色与品位。

留住城市的“根”与“魂”
——在“世界遗产与当代建筑：管理历史性城市景观”国际会议上的发言

（2005 年 5 月 12 日）

引言　“根”和“魂”对于城市的意义

（1）城市的“根”。城市是一种历史文化现象，每个时代在这里都留下了各自的记忆：建筑、院落、街道、社区及传统习俗。因此，城市既是经济成果，更是文化结晶。保存住城市的记忆，才能保留住城市的“根”。

（2）城市的“魂”。一个城市宜居和繁荣与否，既取决于经济实力，也取决于文化特色。城市文化是世代的杰出创造，是增强认同感和凝聚力的重要精神力量，因此保存住城市的特色，才能保留住城市的“魂”。

第一部分　北京城市的“根”与“魂”

珍贵的文化遗产是北京城市的“根”。北京旧城“凸”字形的城郭平面、棋盘式的道路街巷系统、“胡同—四合院”传统建筑形式、各具特色的历史文化街区、星罗棋布的文物古迹和生动活泼的历史园林水系，这些构成了北京的“根”。

独特的古都风貌是北京城市的“魂”。北京旧城平缓开阔、布局严谨的空间形态，整齐对称、富有变化的传统中轴线，红墙黄瓦、绿荫碧水、刚柔相济的景观空间以及内容丰富、独具特色的非物质文化遗产，这些构成了北京的“魂”。

第二部分　北京旧城保护存在的问题及成因

几十年来，北京旧城一直存在“保护”和“发展”的基本矛盾，这两者在同一空间内相互影响、相互作用。在理论和实践探索中，文化遗产保护、城市经济发展、市民生活改善等方面问题冲突交织，有待于进一步形成统一认识。

（一）功能过度聚集使旧城不堪重负

由于长期采用单中心集中式城市结构模式，北京旧城功能繁多，内容复杂，相互重叠干扰，建成区以旧城为中心呈同心圆式向外发展，导致交通、生态环境和文化遗产保护状态的愈发恶化。

（二）大拆大建造成对古都风貌的破坏

房地产开发商涌入旧城后，为了追求经济效益，提高建筑高度和土地利用强度，采取大拆大建方式，使古都风貌遭到破坏。“危”“旧”不分的做法导致旧城内历史街巷不断消失，传统四合院被大量拆除。

（三）建筑设计追求形式，缺少文化内涵

近年来随着规划设计市场开放，建筑设计中出现单体建筑片面追求形式上的标新立异，群体建筑过分强调体量上的“主角”地位的倾向，而不考虑它们与环境的文化关系，致使地区特色不断失落。

（四）房屋产权制度不完善导致旧城出现衰败趋势

由于房屋产权制度不完善等因素，旧城部分地区出现衰败的趋势，违法建设情况严重，房屋年久失修，基础设施简陋，居民生活条件差，大量文物建筑和传统四合院得不到有效保护和合理利用。

（五）规划理念陈旧造成对传统道路格局的破坏

道路交通规划理念和设计手法陈旧，与旧城空间形态及街巷肌理保护存在尖锐矛盾，面对交通量的日益增大，在旧城内采取拓宽传统街道、建设交通干道等措施，导致旧城传统道路格局的破坏。

第三部分　加强北京旧城整体保护

北京旧城是中国古代都城建设的最后结晶。在城市快速发展中虽然已遭到一些破坏，但是还保留有大量的文物古迹、历史文化街区和传统城市格局。因此，旧城保护仍然是北京城市发展中的重大课题。

（一）统筹考虑旧城保护和新城发展

协调旧城保护和新城发展的关系，合理确定旧城的功能和容量，积极疏散旧城的居住人口，疏导不适合在旧城内发展的城市功能和产业，严格控制旧城的建设总量和开发强度，有利于实施旧城保护。

（二）树立北京旧城整体保护观念

注重从城市格局和宏观环境上加强北京旧城整体保护。特别是保持和发扬城市特色，将旧城保护的要求体现到城市规划的各个层面，避免保护与城市建设的割裂，将保护融入城市规划建设之中。

（三）贯彻旧城有机更新的整治方针

探索适合旧城保护和复兴的危房改造模式，停止大拆大建，重视日常修缮，采取小规模、渐进式和“微循环”的方法，维护传统特色和原有社区结构，妥善处理居民生活条件改善与旧城保护关系。

（四）尊重旧城路网格局和街巷肌理

北京旧城内禁止城市快速路穿越，避免形成超大规模的街坊，保护旧城原有棋盘式道路骨架和街巷胡同格局。在保持旧城传统街道肌理和尺度前提下，建立适合旧城保护和复兴的综合交通体系。

（五）加强城市考古研究工作

城市考古研究与北京旧城保护的关系非常密切。在城市的地下遗存中蕴含着的极为珍贵的历史信息，应设立地下文物埋藏区，划定保护范围，在保护区内的建设活动必须先期进行地下文物勘探。

结　语

北京旧城不是城市发展的包袱，而是城市的财富和发展的资本。虽然旧城内部分文化遗产已经遭到破坏，但是保护工作“永远不能言败”，要更加坚定保护的决心，树立和加强保护工作的危机感和责任感。

在国际古迹遗址理事会第 15 届大会前期筹备工作情况通报会上的讲话

（2005 年 5 月 20 日）

国际古迹遗址理事会（ICOMOS）1965 年成立于波兰华沙，由世界各国文化遗产保护专业人士组成，是古迹遗址保护和修复领域具有最高权威性的国际非政府组织。该组织现已在世界各地拥有 110 多个国家委员会，并设有 20 多个与文化遗产保护相关的专业委员会。国际古迹遗址理事会是联合国教科文组织认定的世界文化遗产官方咨询机构，参与对世界遗产申报项目的评估、检测，专业培训与技术协助，对相关理论与保护规则的研究、修订和完善以及其他贯彻落实世界遗产公约的相关活动。

国际古迹遗址理事会组织机构包括全体成员大会、执行委员会和咨询委员会。全体大会是由国际古迹遗址理事会全体成员组成的最高权力机构，每三年召开一次，选举执行委员会成员、主席、秘书长和司库，并制定下一个三年的战略计划和纲领。我国于 1993 年加入该组织，并成立了国际古迹遗址理事会中国委员会。今年召开的第 15 届大会上，国家文物局文物保护司巡视员兼世界遗产处处长郭旃将参加副主席的竞选。

1999 年 9 月，根据当时的国际古迹遗址理事会主席向国家文物局的多次提议，文化部会签外交部、财政部向国务院上报了关于申办 2005 年国际古迹遗址理事会第 14 届大会的请示，并获国务院批准。同年 10 月获国际古迹遗址理事会第 12 届大会一致同意。后来因为第 13 届大会承办国津巴布韦局势动荡，第 13 届大会改在西班牙召开，次年在津巴布韦增开了缺少实质内容的第 14 届大会，这样，我国 2005 年申办的第 14 届大会顺延为第 15 届大会。此后在挪威卑尔根市召开的国际古迹遗址理事会执委会会议决定第 15 届大会于 2005 年 10 月 17 日—21 日在中国西安召开，同期举办各专业委员会的科学研讨会，会议结束时还将发表关于文化遗产及其环境关系的《西安宣言》。

纪念《西安宣言》发表一周年国际学术研讨会

2004 年 11 月，文化部向国务院上报了大会的筹备工作方案，建议由国务院办公厅、外交部、财政部、文化部、外宣部、联合国教科文组织中国委员会、陕西省和西安市政府以及国家文物局的有关同志组成大会筹备工作领导小组。国务院原则同意成立大会筹备工作领导小组，由文化部孙家正部长担任领导小组组长，国家文物局承担领导小组日常工作。在第15届大会召开前，领导小组将召开两次会议：5月份即本次会议，目的是讨论、批准筹备工作方案；9月份第二次会议，检查准备工作落实情况。

今年是国际古迹遗址理事会大会首次在中国召开，届时将有近千名国内外代表参加。承办大会将对我国及陕西省的文化遗产保护工作起到积极的促进作用，并有利于提高我国的国际声望。为了筹办和开好国际古迹遗址理事会第15届大会，国家文物局多次会晤国际古迹遗址理事会秘书长，并派人员陪同国际秘书处代表赴西安实地考察，与陕西省、西安市政府研究相关工作安排，提出具体建议。北京和西安两地分别成立筹委会，下设办公室，制定了详细的筹备工作方案和实施计划，开展相关工作。中国古迹遗址保护协会3月底组织召开了第一次科学研讨会，来自全国各地的文物保护管理人员、专家学者、研究人员90余人出席。此次科学研讨会的目的是确保中国高质量论文顺利入选10月召开的国际科学研讨会。与此同时，协会还组织有关专家起草了《西安宣言》初稿。西安的同事们也做了大量工作，已将大会通知寄发117个国家7 000余名国际古迹遗址理事会成员。

4月上旬，中国古迹遗址保护协会结合“4·18”国际古迹遗址日，对即将在中国召开的国际古迹遗址理事会第15届大会进行了专题报道。目前，国际科学研讨会共收到论文提要600篇，其中中国提交近100篇。现在正在进行整理工作，随后将提交国际古迹遗址理事会专家组对论文提要进行评选。

在“2005 中国文物艺术品拍卖国际论坛”开幕式上的致辞

（2005 年 6 月 19 日）

文物艺术品拍卖是在我国改革开放的大背景下发展起来的。经历了由试点摸索到逐步走向成熟的成长历程。10 多年来，中国的文物艺术品拍卖在促进文物依法有序流通、满足公众的收藏鉴赏需要、丰富民众文化生活、繁荣文化文物市场、促进中国传统文化的传播交流等方面发挥了重要作用。今天，包括文物拍卖在内的文物流通领域已经成为我国文物保护事业的重要组成部分。

1997 年颁布施行的《中华人民共和国拍卖法》，2002 年新修订的《中华人民共和国文物保护法》，2003 年颁布的《中华人民共和国文物保护法实施条例》及《文物拍卖管理暂行规定》等一系列法律法规，为文物艺术品拍卖的健康有序发展奠定了坚实的法律基础。政府有关主管部门通过完善立法及加大执法力度，加强宏观指导和市场监管，引导和维护合理正常的文物流通秩序，促进了文物拍卖市场的繁荣。

市场经济是法制经济，只有依法管理才能健康发展，只有依法规范才能促进繁荣。中国的文物拍卖企业要对社会对国家有所贡献，对文物保护事业有所贡献，需要树立高度的社会责任感和建立严格自律的行业准则，中国拍卖行业协会在这方面做了许多有益的工作。同时我们欣喜地看到，文物拍卖业发展到今天，一些文物拍卖企业的战略目标已不仅仅是发展的规模和速度，而是品牌和特色的确立，是法制、诚信等核心价值体系的建立。

中国文物是人类文化遗产的重要组成部分。中国加入了全部四个有关保护文化遗产的国际公约，一贯主张与国际社会积极合作，保护人类共同的文化遗产。我们积极致力于促进国际的文化交流，热切期望通过“2005 年中国文物艺术品拍卖国际论坛”增进中国与世界在文化遗产领域的理解和沟通。

在国际古迹遗址理事会第 15 届大会筹备工作领导小组第二次全体会议上的讲话

（2005 年 9 月 28 日）

国际古迹遗址理事会第 15 届大会筹备工作领导小组第二次全体会议

我们在今年 5 月 20 日召开了筹备工作领导小组第一次会议，并在会议上确定了今年 9 月底在西安召开领导小组第二次会议，今天的会议是按计划如期召开的。会议的任务是根据国务院批准的筹备工作方案，实地检查国际古迹遗址理事会第 15 届大会的各项筹备工作，并研究解决大会前尚需落实的有关事项，为大会的圆满召开创造条件。今天上午大家现场检查了大明宫遗址保护及综合整治情况和大会期间代表们将参观的文物古迹，中午也没有休息，又检查了大会会场及各项会议设施。

国际古迹遗址理事会（ICOMOS）由世界各国文化遗产保护专业人士组成，是古迹遗址保护和修复领域唯一的国际非政府组织。目前该组织已在世界各地拥有 110 多个国家委员会，并组织建立了 20 多个与文化遗产相关的各种主题的国际科学委员会。国际古迹遗址理事会还是联合国教科文组织认可的一个官方咨询机构，通过派遣世界遗产专员并辅以国际秘书处的工作对申请列入《世界遗产名录》的古迹遗址进行专业评估，并参与世界遗产公约的贯彻落实。如近日由国际古迹遗址理事会派遣的世界遗产专员金秉模先生就正在对我国今年申报的河南殷墟遗址进行专业评估。

国际古迹遗址理事会全体大会是由该组织全体成员组成的最高权力机构，每三年召开一次，通常会议将选举执行委员会成员、主席、秘书长和司库，并制定下一个三年的战略计划和纲领。目前距国际古迹遗址理事会第 15 届大会的召开还有不到 20 天时间，世界各国的文物保护与研究领域中的权威专家们即将云集西安，这些人习惯用专业的、审美的，甚至是挑剔的眼光来观察会议承办国，特别是会议承办城市的文化遗产保护状况，同时也将会对大会的筹备工作水平做出评判。因此，此次大会的召开对陕西省西安市的文物保护工作和承办国际会议的水平都将是一次考验，用文化部孙家正部长的话说，我们面临的将是一次顶级专家的检查。

从今天上午我们对大遗址保护、整治情况和文物古迹保护状况的考察以及刚才对会议设施的考察来看，陕西省西安市政府在筹备工作领导小组第一次会议以来又做了大量认真、细致的筹备工作，特别是在大遗址保护和环境整治方面取得了显著的成果，对各项会议安排也做了细致的考虑，如大会开幕式、闭幕式，还有对国际古迹遗址理事会 40 年庆典活动等都做了周到的安排。我们北京筹备办公室，则在与国际秘书处联系、协调各方面关系，组织国内科学研讨会等方面做了很多工作。可以看出，北京和西安两地的筹备办公室按照筹备工作方案要求认真落实各项工作，经过艰苦努力，各项筹备工作已经基本到位。目前，在会议场馆、会议接待、会议安排、新闻宣传、卫生保障、安全保卫及综合环境治理等方面，均做出了卓有成效的筹备，为会议的成功召开提供了良好条件。总的来说，会议的各项硬件条件较好，就像一场演出，有了出色的舞台和道具，我想接下来演出成功的关键就是“热情、周到、细致”。

在前一阶段的大会筹备工作中，各领导小组成员单位也做了大量工作。外交部已向我国驻 75 个国家的使领馆发出签证通知，为注册参会的代表来华签证提供了便利。中国联合国教科文组织全国委员会则协助开展邀请有关国际组织的代表参会等工作，财政部也已将筹备专款拨付到位，提供了资金保证。国务院新闻办对宣传工作很重视，组织北京和西安筹备办公室向国务院上报大会新闻宣传方案，并积极组织开展宣传工作，指导设立新闻中心，筹备新闻发布会，提议与中国日报社合作出版英文会刊，并组织有关媒体来西安开展预热宣传，今天记者朋友们又和我们一起检查了各项筹备工作。

下一步我们要做的，就是利用这最后十几天的时间，全面检查各项筹备工作，查漏补遗，及时发现没有考虑到或考虑到但是还没有做到的工作，努力做到布置周密、万无一失。在此，我想重复文化部孙家正部长在北京召开第一次筹备工作领导小组会议时所讲的一句话：成功与否看安全，水平高低看服务，效果如何看宣传。

首先，会议的安全工作很重要，包括国家安全、人身安全、饮食安全和卫生安全，务必做好各方面的安全工作。在安全方面一定要有应对各种突发事件的预案。如在代表集中活动的场所附近应安排急救医疗车辆。

其次，会议服务接待工作也很重要，一定要将所有事项考虑周全，落实细致，要认识到细节决定成败。即将召开的国际古迹遗址理事会大会是大规模的国际会议，而具体筹办过程又由无数细节组成，所以要将这样一场大规模的会议开好，必须从大处着眼、从细处着手。作为大型国际会议最重要的服务内容之一是语言环境，建议对代表所到之处的语言环境再进行深入的检查和完善。

再就是宣传影响不容忽视，一定要做好大会的新闻报道和舆论宣传工作，把握宣传主动权。像刚才提到的出版英文会刊，可以向全世界 150 多个国家发行 30 万份报纸，是一条很好的宣传途径，一定要抓住这个机会扩大宣传，把我国政府在文化遗产保护方面的理念和成就宣传出去。如今天中午接到消息，即将发射的航天卫星“神舟六号”，将携带我们刚刚向社会公布的“中国文化遗产”标志飞向太空，并恰好在国际古迹遗址理事会第 15 届大会召开期间返回地球。应该说这是一个令人振奋的消息，表明我国政府对文化遗产保护的高度重视。我们要考虑如何把这一消息传达给与会代表，让他们与我们共享这一喜讯。

刚才，我们还到了大会筹备办公室设在这里的办公现场，看到工作人员都在那里紧张地忙碌着。过几天，北京筹备办公室的同志也要进驻这里，组成一个北京、西安两地联合办公的筹备办公室。筹备大型国际会议非常辛苦，但是现在已经到了关键时刻，希望大家继续鼓足干劲，再接再厉，全力以赴，进一步细化和做好各项筹备工作，使这次会议能开出高质量，开出高水平。

在国际古迹遗址理事会第 15 届大会科学研讨会上的主旨报告

（2005 年 10 月 17 日）

国际古迹遗址理事会第 15 届大会开幕式

对历史文化遗产及其环境的破坏，曾被认为是经济和城市发展必须付出的代价，但是现在整个国际社会都意识到，这将最终毁灭我们赖以生存的根基。有鉴于此，中国政府正在采取更为有效的对策，加强城市文化遗产及其环境的保护。

第一部分　中国的城市化发展趋势和文化遗产保护状况

（一）中国城市化发展的趋势

2000 年，中国的城市化率突破 30%，进入城市化加速发展阶段。目前全国共设有 660 多个城市，2 万多个建制镇，城市化率已接近 40%。预计到 2010 年，城镇人口将实现 6.3 亿左右，城市化水平将达到 45%，2020 年将超过 60%。

（二）中国文化遗产保护事业的基本状况

1982 年颁布的《中华人民共和国文物保护法》，标志着中国以文物保护为中心内容的文化遗产保护制度的形成。2002 年新修订的《中华人民共和国文物保护法》，标志着中国开始建立起单体文物、历史地段、历史文化名城的多层次文化遗产保护体系。

中国登记在册的地上地下不可移动文物 40 余万处，先后公布国家级、省级和地县级文物保护单位 70 000 余处。中国拥有世界遗产 31 处，其中世界文化遗产和文化与自然混合遗产 27 处，公布了 103 座城市为国家级历史文化名城。

中国现有各类博物馆 2 300 余座，近年来先后新建和改扩建一批大型综合性博物馆和专题博物馆，形成了门类齐全、特色鲜明的博物馆体系。其中国有博物馆共有文物藏品 1 200 多万件。全国各类博物馆每年举办 8 000 多项展览。

第二部分　城市文化遗产及其环境保护存在的主要问题

当前，就中国文化遗产及其环境保护总体情况而言，面临着前所未有的重视和前所未有的冲击并存的局面。一方面，国家对于文化遗产保护立法速度加快，资金投入加大；另一方面，一些历史地段迅速消失，文化遗产遭到破坏。

（一）城市规划编制思路亟须改进

面对城市化迅猛发展之势，历史性城市的总体规划仍然沿用单一中心的规划布局和传统的城市扩张模式，使城市中心区功能过分聚集，建成区的扩展呈“摊大饼”趋势，各类“城市病”凸现，文化遗产及其环境保护状况日益恶化。

（二）城市“千城一面”的问题突出

目前，“特色危机”成为城市建设中的共性问题。不少城市规划设计手法抄袭趋同，追求大体量的建筑物、大规模的建筑群，导致城市面貌千篇一律，致使一些独具特色的历史性城市和历史文化街区正在被杂乱无章的新建筑群所淹没。

（三）“旧城改造”引发“建设性破坏”

旧城区是城市中历史记忆保持最完整、最丰富的地区，同时也是房地产开发企业高价争夺的黄金地段。一些城市为了追求经济效益最大化，不适当地要求“就地平衡”，盲目地在旧城区内兴建高层建筑，使文化遗产及其环境遭到破坏。

（四）“危旧房改造”实施“推平头”式拆迁

一些城市在“危旧房改造”工程中，将危房和旧房混为一谈，一并列入拆迁；引进房地产商业开发，实施“推平头”式拆迁；不惜以拆除传统建筑为代价，谋求开发收益；对传统居住邻里不屑一顾，忽视历史文化街区的多样性特色。

（五）建筑设计缺少文化内涵

近年来，一些建筑设计极端地强调个体的面孔与性格，追求形式上的独特和怪异，却很少考虑它与环境的文化关系，大部分设计既无历史文化内涵，也无建筑创作意境可言，导致历史地段的民族传统、地方特色逐渐失落和让位。

（六）穿过式交通影响旧城道路格局

一些历史性城市为了满足高速、快捷的城市交通需要，投入大量资金拆房修路，拓宽传统街道，建设穿过式交通干道和立体交叉道路系统，使“曲径变通途”，改变了旧城空间形态及街巷肌理，导致传统道路格局的破坏。

（七）错位开发对文化遗产造成伤害

一些文化遗产及其环境面临游客超载、错位开发的严重威胁。“人满为患”，使文化遗产地不堪重负，给文物本体带来无法弥补的损害；“楼满为患”，使文化遗产地商业化、人工化和城镇化，严重伤害文化遗产的原生环境。

（八）应对自然灾害缺乏科技手段

必须承认，在频发的自然灾害面前，文化遗产往往显得十分脆弱。雨水入侵、风沙危害、自然坍塌、生物虫害等自然破坏使不可移动文物面临着诸多挑战。在文物本体保护的诸多技术难题面前，今天科学技术的贡献率仍然不高。

第三部分　加强城市文化遗产及其环境保护的思考与实践

城市与城市中的人都在迈向现代化。越是现代化，人们对于城市在人文精神方面的要求就会越来越高，对于城市文化的建设就会越来越重视，文化遗产及其环境保护水平就会同时代精神一起，成为人们衡量城市文化品位的重要标准。

（一）探索区域整体协调发展战略

实现区域整体协调发展，既是国家的发展战略，也是历史性城市发展的客观要求。通过实施区域规划，可以缓解在城市规模、布局方面过于集中的压力；通过整合资源，在继续加快发展的同时，促进文化遗产及其环境的保护。

（二）实施“整体保护旧城，积极发展新城”战略

在城市化加速进程中，新城和旧城的关系问题变得更加突出。对于历史性城市来说，“整体保护旧城，积极发展新城”就成为城市文化遗产及其环境保护的首要问题。实践证明，这一发展模式，有利于保护与建设互不干扰，相得益彰。

（三）树立城市规划中的保护观念

城市规划是综合性、全局性、战略性的发展蓝图，因此必须将文化遗产及其环境保护的理念和要求贯彻到城市规划的各个层面。城市规划要树立文化遗产及其环境不是城市发展的包袱，而是城市发展的财富、资本和动力的观念。

（四）贯彻旧城“有机更新”方针

旧城内的传统建筑重在加强日常修缮和采取“有机更新”方式加以改善。特别是要动员社会资金，以自助力量进行小规模整治与改造，这样既有利于保护历史文化街区传统特色和原有社区结构，也有利于住宅产权制度的改革。

（五）尊重城市原有路网格局

旧城建设用地规模应符合传统街巷肌理，避免形成超大规模的街坊；在规划上要防止城市快速路穿越，避免破坏原有的路网格局；在严格控制私人汽车数量的同时，大力发展公共交通，以形成对旧城未来交通格局的有力支撑。

（六）注重保持和发扬城市特色

城市化的发展必然带来文化的趋同，要重视城市文化的历史渊源，重视区域文化的差异，重视多元文化的保护。保护与城市血脉相连的传统历史文化，保留城市独一无二的特色，因为只有这样才能保留住我们城市的精神世界。

（七）加强城市考古研究工作

城市应作为考古的重点对象。每一个古代城镇都有自己独特的发展历程，虽历经沧桑，但是城镇的基本规模和街道布局很难改变。历代积淀下来的遗存，就是城市中蕴含着的极为丰富的历史信息，这是文化遗产中最宝贵的一部分。

（八）遵守文化遗产保护的原则

文化遗产的保护不是一项简单的、短期性的建设行为，而是一项高层次的、长久性的文化活动。必须贯彻“保护为主，抢救第一，合理利用，加强管理”的文物工作方针，遵循“不改变文物原状”的前提，坚持保护真实性和完整性的原则。

（九）扩大文化遗产保护领域

文化遗产的保护领域不断扩大，继历史文化街区、村镇以及非物质文化遗产纳入保护范畴之后，文化景观、文化线路、文化空间等新视点又引起人们关注。应继续加强学科研究，把更多的反映人类社会进程的文化遗产列入保护之列。

（十）重视保护与利用的结合

保护文化遗产的根本目的，在于“子子孙孙永葆用”，这一保护和利用过程要传之久远。重视保护与利用的结合，就要挖掘文化遗产潜在的文化内涵、社会价值和对城市发展的积极意义，使文化遗产融入人类现代生活，发挥更大作用。

（十一）改善保护事业社会公共形象

文化遗产保护作为公益事业应更加注意自身的公共形象，使它的成果惠及广大民众。在现代信息社会，文化遗产地不应将自己封闭起来，孤立于社会之外，而要变成美丽的地方，以其历史气息、文化氛围为人们带来欢乐和灵感。

（十二）实施文化遗产保护全民动员

要通过宣传普及与文化遗产保护相关的学科知识，让更多的人分享其蕴含的丰富价值，增强广大民众对文化遗产保护的意识，努力形成全社会关心、爱护并参与文化遗产保护的氛围，同时使文化遗产保护置于全社会的关注和监督之下。

中国文化遗产保护已经进入国际视野。不可否认，我们相比国际先进水平尚有不少差距。在经济全球化的背景下，如何调整文化政策，保持文化多样性；如何更好地承担起国家责任、国际责任，这都是中国文化遗产保护面临的新的重大课题。

关于将文化遗产保护项目纳入我国援外计划的提案[①]

（2006 年 3 月）

我国疆域辽阔，人口众多，综合国力居世界前列，是在国际社会中具有重大影响的大国。我国长期以来奉行独立自主的和平外交政策，与世界各国尤其是发展中国家广交朋友，并为许多发展中国家提供了力所能及的援助，对于增进我国与受援国的友谊、扩大国际影响力发挥了重要作用。自 20 世纪末以来，在国务院和外交部等部门的支持和指导下，有关部门开始利用文化遗产保护方面长期积累的经验和优势，有针对性地选择一些项目，向柬埔寨、蒙古、巴基斯坦和肯尼亚等发展中国家提供文化遗产保护方面的援助，取得了显著效果。

1996 年经国务院批准，有关部门参与了联合国教科文组织和柬埔寨政府共同发起的拯救吴哥窟古迹的国际行动，并在认真细致的前期考察和论证基础上，确定将吴哥窟周萨神庙的修复保护作为中国政府援柬的具体项目。此项工程得到了中柬两国领导人的高度关注，江泽民主席和西哈努克国王亲自视察了工程情况。经过近 7 年的周密准备和精心施工，此项目于 2003 年圆满结束。柬埔寨政府和

① 此文为在全国政协十届四次会议上的提案，联名提案人为李延声、杜滋龄、朱乃正、冯骥才、舒乙、吴建民、李北海、张文彬、袁熙坤、黄宏、敖德木勒、王铁城、夏燕月、赵汝蘅、王铁成、叶惠贤、艾青春、阿拉泰、滕矢初、张会军、潘虹、刘锡津、耿其昌、潘震宙、杨伟光、吴贻弓、吴祖强、李谷一、张平、陈燮阳、王兴东、鲍国安、黄蜀芹、张贤亮、吐尔逊·尤努斯、王馥荔、吴雁泽、谭利华、韦廉、盛中国。

联合国教科文组织对项目的施工方法、维修技术和修复效果都给予了高度评价。目前中柬两国政府已签署了第二阶段合作备忘录，有关部门正在商谈下一阶段的具体合作保护内容。

蒙古与我国有着深厚的历史渊源。有关部门已完成对蒙古吉尔吉斯湖、鄂尔浑河和图勒河流域地区古文化遗存的初步考古调查与勘测以及对部分匈奴、突厥和契丹墓葬与蒙元城址的考古试掘，并编制了蒙古博格达汗宫古建筑的维修方案和经费预算。下一步将实施修缮工程，并继续进行考古调查，在此基础上选择重要遗址进行重点勘测和正式发掘。

巴基斯坦是丝绸之路通往西方的必经之地，中巴两国之间的交流屡见于历史记载。我国有关部门通过前期调查，选择了两国历史交往中重要的遗产地——纳基格拉姆佛寺遗址作为此次援助的重点项目。目前已完成了对纳基格拉姆佛寺遗址的考古调查工作，制定了下一步的发掘方案，并拟以该遗址为中心开展区域考古调查，力争在 5 年内完成此项工作。此项合作不仅有助于巴基斯坦历史遗产的保护与研究，而且有助于正确了解中亚、南亚地区和我国历史上的关系，对促进我国西北边疆社会稳定具有特殊而深远的意义。

明代郑和下西洋曾多次到过非洲东海岸，在肯尼亚沿海地区特别是拉穆群岛附近海域有装载中国外销瓷的古代沉船线索，一些出土文物表明中非交往甚至可追溯到更早的时期。2005 年底，中肯两国有关部门签署了在拉穆群岛进行合作考古的协议，主要内容为开展水下考古和相关研究，搜寻、勘察反映中非交流历史的水下遗存和其他遗迹遗物，对可确认的沉船进行科学发掘，为研究古代中国和肯尼亚及东非友好交往的历史提供实物证据，并建立起以肯尼亚发掘资料为中心的年代标尺和中国瓷器输出东非地区的主要脉络。

郑和与航海暨舟山双屿港国际论坛

这些项目相对而言所需经费不多，但却有力地配合了我国外交大局，加强了我国与周边国家的睦邻友好关系，促进了与发展中国家源远流长的文化交流与传统友谊，对于提高我国的国际地位具有重要的历史和现实意义。同时也向国际社会表明了中国作为负责任的大国，对保护世界文化遗产的责任心和使命感。

但是，经费短缺已成为制约上述文化遗产保护援助项目正常开展的关键因素。除援助柬埔寨吴哥窟第一阶段修复工程由财政部给予专项拨款得以顺利完成外，吴哥窟第二阶段修复工程以及其他项目的前期调查勘测和考古发掘、古建维修的方案设计均由文物部门筹资完成，而各项目工程施工所需经费仅靠文物部门极其有限的经费难以维持。

目前，发展中国家与我国的文化遗产保护交流与合作不断扩大，提出的援助项目要求也愈来愈多，积极审慎地选择和安排好相关援助项目，保障项目实施资金的及时到位已是当务之急。为进一步配合我国外交大局，有计划、有步骤地统筹安排好文化遗产保护援外项目，保障重点项目的顺利开展并使援外资金实现最大效益，提出以下建议。

（1）将目前正在进行中的与柬埔寨、蒙古、巴基斯坦和肯尼亚等国的文化遗产保护援助项目纳入商务部援外计划。

（2）由商务部会同外交部、财政部等有关部门，研究加强文化遗产保护援外工作并建立相关经费保障机制，以确保文化遗产保护援外项目的顺利进行，力争获取最大的效益和影响力。

在第二届文化遗产保护与可持续发展国际会议上的主旨报告

（2006 年 5 月 31 日）

第二届文化遗产保护与可持续发展国际会议

城市作为文化载体和容器，积淀着丰厚的文化底蕴，承载着人类文明的精华。每座城市均在特定的自然地理环境和人文历史发展的孕育中逐渐形成，凝聚着物质文明和精神文明的结晶，其传统风貌是自然环境特征和人文历史特点的综合反映。

进入 21 世纪，在世界范围，尤其在亚洲地区，城市发展与文化遗产的冲撞愈加猛烈。在推土机毫不留情的轰鸣中，在老房子轰然倒地的尘烟里，城市的历史记忆、社区的传统底片逐渐残缺不全，最终面目全非。由于缺乏对城市建设的辩证思考，很多地方只看到发展带来的物质享受和生活便利，却忽略了城市风貌受到的威胁，漠视文化遗产遭到的破坏。

在前所未有的冲撞中，城市发展与文化传承经历着痛苦的纠缠，既有理性的难舍难分，又有失当的忍痛割爱，更有盲目的乱拆乱建。在付出代价的同时，文化遗产保护的理念和方法也在发展变化。如何适应时代的要求，在城市化加速进程中加强文化遗产的保护成为我们关注的焦点。

20世纪下半叶以来，随着经济高速发展和人口急剧增长，世界范围内的城市化进程明显加快。1963—2000年，2/3的世界新增人口集中在城市，人口城市化比例由35.2%增至50.3%。中国城市化的速度更快。1980年城镇人口为1.34亿，城市化率为13.6%，2000年突破30%，2005年超过40%，预计到2010年，将达到45%，2020年将超过60%。一些国家城市化历程表明，城市化水平超过30%，每年城市化率将增加1% ~ 2%。伴随大量农民移居城市，必将造成城市规模迅速扩大，城市建设与文化遗产保护的矛盾异常突出。

近年来，中国文化遗产的保护领域不断扩大，文化景观、文化线路、文化空间、遗产区域等新视点相继出现。就城市而言，从单体文物保护扩大到成片街区、整座城市，乃至文化线路沿线的几座、十几座或更多城市文化遗产的整体保护。文化遗产种类不断增多。随着城市建设与发展，我们在城市拓展的脚步下探寻到大遗址保护的模式，在城市功能的改变中意识到工业遗产的价值，也在城市交流的互动中认识到依托于文化线路的城市文化遗产保护的意义，并努力将更多的反映人类社会进程的各类文化遗产列入保护之列。

我国已经公布的六批全国重点文物保护单位中，已包含了一些近现代工业发展的历史遗存。各地重要的工业城市，已着手开展工业遗产的调查、认定、研究、保护与利用等工作，并取得一定的成绩。京杭大运河沿岸的20余座城市，因特殊文化资源集合的线形区域而形成血脉相承的文化遗产族群。这些城市因傍依水系而充满了变化和生机，依托运河这条黄金水道，经济得到流通，商品得到交换，文化得以传播。

中国城市化加速进程的发展过程短、建设强度大，在一些地方文化遗产保护和城市建设的矛盾相当集中。文化遗产具有稀缺性、脆弱性和不可再生性，一旦破坏就无法复原，因此必须充分正视存在的问题。面对城市化的加速进程，中国政府切实加强文化遗产的保护。2002年10月，新修订的《中华人民共和国文物保护法》，确立了“保护为主，抢救第一，合理利用，加强管理”的文物工作方针。

今天，我们相聚在美丽的古城绍兴。来自各国的宾客，来自各地的代表，将在未来三天内围绕着“文化遗产保护与可持续发展”这一主题展开讨论。我们知道，这座古城的美丽，在于黑瓦粉墙民居的恬淡明净，在于河道两岸街区的古雅通幽，更在于钟灵毓秀历史的传承延续。不同的城市各有其风韵，文化遗产是构成城市之美不可或缺的元素。我们相聚在此，就是在现代化城市高速发展的步伐中，探寻守护城市风采、留驻文化多样的有效途径。

通过讨论与交流，我们希冀掌握妥善处理城市发展与文化遗产保护矛盾的方法，在保证发展的同时，理性审视文化遗产保护所面临的压力，并真正认识到保护是可持续发展的动力源泉。我相信，这次国际会议将带给我们更多启发，促使我们借鉴更多经验，从而推进人类文化遗产保护事业的健康发展，引导城市理性发展。

在意大利驻华大使孟凯蒂先生离任送别仪式上的讲话

（2006 年 11 月 17 日）

4 年前，我来国家文物局工作不久，就听许多同事时常提到意大利驻华大使孟凯蒂先生，称赞他对中国文化的了解和热爱。在过去的几年里，我与孟凯蒂先生有过许多接触。在我的眼里，他不仅是一位风度翩翩的外交家，更是一位儒雅的学者、一位对文化遗产情有独钟的文化使者。特别是他对促进中意两国在文化遗产领域开展合作的热心和所付出的努力，使我和我的同事们深受感动和鼓舞。

为了表达我们对孟凯蒂先生的敬意和感谢，也为了表达我们对他离任的惜别之情，今晚我们邀请诸位朋友欢聚在紫禁城内建福宫，欢送孟凯蒂先生。对中国人来说，欢送不仅仅是一种祝福，更是一种对友谊长存和别后重逢的期待。

在普罗迪总理和达莱马副总理相继访华期间，我有幸分别与他们举行了会晤。两位意大利政府领导人对中意两国在文化遗产领域的合作都有相当的了解并给予了很高的评价，都表示意大利政府将继续积极推动两国在文化遗产领域开展多种合作。我相信，这不仅是两位领导人良好修养与广博学识的作用，也与孟凯蒂先生的不懈努力和积极推动有关。

今年以来，中意两国政府签署了《关于防止盗窃、盗掘和非法进出境文物的协定》，中意两国主管部门签署了《关于文化遗产保护合作的谅解备忘录》。目前，两国在包括防止和打击走私文物、专业人员培训、文物科技保护修复、博物馆展览交流、“丝绸之路”联合申报世界文化遗产等方面的合作广泛开展，进展顺利。特别值得一提的是，两国政府正式确定在北京建立中意文化遗产中心。

我认为，中意两国在文化遗产领域形式多样、成果显著的合作，已经构成了中意两国友好关系的重要内容和突出特点，有力地推动了中国文化遗产保护事业的健康发展，也将会在世界文化遗产领域产生积极的影响。今日中国是一个更加开放的国家，中国文化遗产是人类共同的文化遗产的重要组成部分，我们愿意与更多国家的朋友们携手，努力为更好地保护文化遗产做出应有的贡献。

对我本人而言，今天也是一个特别的日子。这是我第一次代表国家文物局，特别是选择在作为世界文化遗产地的紫禁城内，把国家文物局特别设立的“中国文化遗产保护特别贡献奖”颁发给一位外籍人士，也是第一次正式聘任一位外籍人士担任中国文化遗产保护国际顾问，而这第一位外籍人士正是我们尊敬的意大利朋友孟凯蒂先生。

孟凯蒂先生获得这份殊荣是当之无愧的！为推动中意文化遗产合作，在北京、西安，甚至遥远的广东、新疆，孟凯蒂先生都留下了忙碌而略显消瘦的身影和一行行难以被时间和沙尘抹去的足迹。我们可以从下面的演示中欣赏到一些孟凯蒂先生在中国大地留下的风采。

我想指出的是，国家文物局聘请的中国文化遗产保护国际顾问并不仅仅是一个名誉，顾问还是要经常对我们工作提出建议、批评的，有的时候还可能会承担一些重要的工作。因此我也相信，我们今晚的欢聚不是告别，而是孟凯蒂先生以中国文化遗产保护国际顾问身份继续关心、支持中意文化遗产保护合作事业的开始。我们无法体会马可·波罗在中国和离开中国时的情景，今晚我们因孟凯蒂先生而感动，他把生命中许多美好的时光奉献给了中国，奉献给了中意两国友好关系的发展，奉献给了凝聚着人类文明精华的文化遗产。

在中国文物交流中心挂牌仪式上的讲话

（2007 年 2 月 14 日）

中国文物交流中心挂牌仪式

中国文物交流中心从 1971 年周恩来总理亲自批准成立至今，已有 36 年的历史。此次中国文物交流中心的重新组建工作，虽然遇到过一些困难，但是在国家博物馆的大力支持下，通过全体人员的共同努力，终于如期完成筹建任务，这是应该充分肯定的成绩。

同样值得肯定的是，中心自筹建以来坚持在艰苦的条件下完成各项工作任务，成绩是显著的。仅2006年就筹办了6项展览，有走出去的，也有引进来的，其中“走向盛唐展”归国汇报展等获得普遍的好评。同时，在筹备过程中，建立了一系列行之有效的规章制度，实现了减员增效、定岗定编、层层聘任的人事管理机制。完成了文博大厦新办公用房的装修及办公设备的配置，如期在春节前实现了全体人员进驻办公的要求，从而使中国文物交流中心有了自己的新家，这里既有国家文物局的支持，更是中国文物交流中心同人们多年来共同努力的成果。

我们还要感谢原中心离退休的老同志以及已经离开中心的同志们多年来对中心的贡献和支持！没有他们一代接一代持续不断的努力，中国文物交流中心就不可能有今天的成果、经验和优势。

中国文物交流中心的重新组建，不仅要继续过去的工作任务，发扬过去团结奋斗的优良传统，更重要的是要努力开拓创新，在新的形势下，做好文物对外交流工作，更好地为我国外交大局服务，为文化事业发展服务。

下面我对重新组建后的中国文物交流中心工作提出几点期望。

一是全体人员都要加强学习。学习政策法规，学习历史文化，学习专业知识。通过文物展示中华民族的光辉历史和人民群众的创造力量，是光荣而神圣的使命。只有通过不断学习，正确执行国家外交方针和文物工作方针，才能保证对外文化交流的顺利进行。

二是要充分利用中心既有的经验和优势。中心有一批经验丰富的业务骨干，他们对文物交流工作的热爱、执着和经验，都是办好中心、做好对外交流工作的宝贵财富。希望以老带新，尽快使年轻员工进入角色，使中心的事业薪火相传，一代更比一代强。

三是要注重学术研究基础工作。要把近年来重大对外文物展览的组织过程、展览流程、学术成果整理出来，加以系统研究。对各项工作的安排要有时间和质量要求，要把中心办成学术研究基地，把中心建设成为综合性发展的多元化的文物交流和学术研究平台。

四是要继续发扬优良传统和作风。国家文物局对中心领导班子寄予厚望，希望你们在工作中坚持民主集中制，尽职尽责，严于律己，珍惜来之不易的形势，树立远大理想，坚持脚踏实地，带领中心全体同人努力开创新局面，把文物交流工作推上新台阶。

今天是中国农历数九的“七九”第一天，农谚说“七九河开”，冰河解冻，春回人间，祝愿大家新春幸福，万事如意！

在城市文化国际研讨会筹备委员会第一次会议上的讲话

（2007 年 3 月 1 日）

城市文化建设的相对薄弱和滞后，是我国当前面临的一个突出问题。在这一点上，文化部、建设部和国家文物局的认识是完全一致的。我们几个部门可以说是在城市文化建设方面影响最大、责任最重的部门，都承担着各自的职责。但单靠一个部门的努力，恐怕很难从根本上解决城市文化建设中的一些复杂问题，必须通过密切协作，形成部门之间的强大合力，才能真正为这些问题的解决打开突破口。

召开城市文化国际研讨会为我们几个部门，以至国内外的同行们提供了一次携手推进城市文化建设的重要契机。针对这次会议的召开，孙家正部长谈了很多重要的想法和意见。为了这些意见的落实，我和建设部仇保兴副部长、城乡规划司唐凯司长多次进行沟通，并先后两次专门开会商议会议筹备工作，应当说对于会议重要性的认识和各项筹备工作的安排等方面，均取得了高度的共识，为研讨会的召开和会后准备开展的工作打下了一个良好的基础。我还就这次会议筹备工作和对城市文化建设的一些认识专程到中国艺术研究院和有关专家进行了座谈，专家们对召开这次会议也都给予了充分肯定，寄予了很高期望，这些对会议筹备来说是莫大的鼓励，进一步坚定了不但要开好这次会议，而且要取得重要成果的信心。

根据文化部、建设部和国家文物局等各部门的沟通意见，草拟形成了会议总体方案。尤其令人高兴的是，这次会议的开幕式选在了6月9日，也就是今年的“文化遗产日”。在文化遗产日当天举办城市文化建设的国际性盛会，为扩大文化遗产日影响、增强文化遗产保护宣传力度提供了一次难得的机遇，也为国际研讨会的召开创造了良好的人文环境。城市文化国际研讨会和文化遗产日的宣传活动可以相辅相成，互相促进，取得更大的成效。应当说，对于开好这次国际研讨会并取得成果，我们已经有了充分的信心和准备。

当然，做好下一步的筹备工作还具有一定的繁杂性。现在离会议开幕不过3个月的时间，各项实质性的准备工作都必须马上开展动员起来。为此，我们草拟了一份城市文化国际研讨会分工和进度安排建议。希望这个安排建议能为今天的会议讨论提供参考，各部门集思广益，进行补充完善，以便于下一步筹备工作的尽快启动和顺利开展。

在聘请前秘鲁驻华大使陈路先生担任中国文化遗产保护国际顾问仪式上的讲话

（2007 年 4 月 23 日）

会见秘鲁驻华大使陈路先生

刚刚从美丽的秘鲁归来，就在此与众多秘鲁朋友相聚，是令人兴奋的。秘鲁辉煌的历史、独特的文化给我们留下了深刻印象。

气势磅礴的马丘比丘，印加文明的摇篮——库斯科城，利马城颇具匠心的规划、细致井然的建设、西美合璧的景观等都让我们难以忘怀。

中秘两国早在 2000 年就签署了《中华人民共和国政府和秘鲁共和国政府保护和收复文化财产协定》。秘鲁是第一个与中国签署此类双边协议的国家。依据此协定，中秘双方在打击文化遗产走私和非法贩运方面进行了卓有成效的合作。

在秘鲁时间虽短，但是我却深深感受到秘鲁人民的热情、朴实和勤劳。陈路先生就是他们的杰出代表。陈路先生热心中国的文化遗产保护，关注中国文化遗产事业发展。在他的积极努力下，2003 年 10 月，来自秘鲁的 80 余件精美文物和数十张图片在中国国家博物馆向人们展示了悠久的印加文化。这些精美的文物蕴含着丰富的艺术价值和历史价值，向广大中国人民展示了秘鲁的神奇和壮美。

2006 年，中国设立了“文化遗产日”。我们为此举办了一系列活动。陈路大使更是积极参加，表达了对中国文化遗产保护事业的支持。

中秘两国都拥有悠久的历史、灿烂的文化。在秘鲁期间，我们与秘鲁国家文委进行了积极的、富有建设性的会谈。我坚信，在中秘双方的共同努力下，在陈路大使等一批热心中国文化遗产保护、关注中国文化遗产事业发展的有识之士的帮助下，中秘两国文化遗产领域的合作必将会推向更高阶段。

今天，我代表中国文化遗产事务的政府主管机构——国家文物局，聘请一位外国人担任中国文化遗产保护国际顾问，我十分高兴，他就是我们尊敬的陈路先生。

国家文物局聘请的中国文化遗产保护国际顾问并不仅仅是一个名誉，顾问需要经常对我们的工作提出建议、批评，有时候还要承担一些重要的工作。我们希望陈路先生以中国文化遗产保护国际顾问身份继续关心、支持中秘文化遗产保护事业的开展。

会见意大利驻华大使谢飒时的谈话

（2007 年 5 月 21 日）

会见意大利驻华大使

欢迎谢飒大使到国家文物局做客，我一直期待着与大使面对面就共同关心的问题深入交换意见。

中意两个文明古国在文化遗产保护领域一直保持着密切的交流和合作，经过 20 年的努力，已经取得了不少成效，成为中意友好关系中的一个亮点。尤其是近年来，在两国政府的积极支持和推动下，文化遗产领域的合作进入了更高的层次。继去年年初，为落实两国在文化遗产领域的合作文件，我率团访问意大利文化遗产部之后，去年 9 月意大利文化遗产部也派出工作组访华，经过分组讨论，形成并签署了《工作会谈纪要》。今年 2 月，意大利外交部合作发展司与国家文物局又进行了工作会谈。在意大利驻华使馆的关注下，中意《关于防止盗窃、盗掘和非法进出境文物的协定》以及《文化遗产保护合作谅解备忘录》等重要文件，仅用半年时间就完成了从会谈到签署的全部工作，表明中意两国在文化遗产领域的合作已经进入了一个新的阶段。根据《工作会谈纪要》，国家文物局将组织中国文物进出境监管领域的人员，包括文物系统、海关系统、公安系统的有关人员 20 人，于今年 9 月赴意大利接受意大利文物宪兵司令部的文物进出境监管相关培训。目前，培训计划已经制订完毕。

近年来，中意双方展览交流活跃。“丝路遗宝展”“唐代艺术展”“来自北京的珍宝展”以及“秦汉文物精华展”等赴意大利展出反响强烈，特别是在罗马总统府博物馆举办的“秦汉文物精华展”展出 3 个月期间，观众达 30 万人，创造了意大利博物馆展览观众的最高纪录。同时，“古代伊特鲁里亚人的世界”“意大利文艺复兴展”“庞贝文物展”等在中国的展览活动，也受到中国观众的热烈欢迎。人才培养方面，在中意合作文物保护修复人员培训一期项目成功合作的基础上，二期合作项目正在顺利推进。同时，中国国家文物局业务人员赴意大利培训得以实现。去年 9 月，利用意大利驻华使馆提供的奖学金，中国国家文物局 5 名年轻业务人员赴意大利文化遗产部学习，目前仍有一人正在进行为期 10 个月的进修。希望意大利驻华使馆继续为中国国家文物局业务人员提供赴意大利培训的奖学金，并根据中意《文化遗产保护合作谅解备忘录》关于加强人员培训的内容，将奖学金项目确定下来，每年为中国国家文物局提供 60 个月的奖学金。

2006年9月，意大利普罗迪总理访华期间，我有幸与他进行了近半个小时的会谈,讨论在北京建设中意文化遗产保护中心的意见。随后两国签署了《中华人民共和国国家文物局与意大利共和国文化遗产部关于合作建立中意文化遗产保护中心的谅解备忘录》。自该备忘录签署以来，国家文物局积极利用各种机会，宣传介绍中意文化遗产保护中心项目的意义，多次与国家发改委、财政部沟通，为中心的建设争取支持，了解咨询有关使用国外贷款的政策和程序。并派员参加意大利驻华使馆合作发展处就如何利用意大利贷款举办的培训班，了解有关工作程序。2006年11月我又会晤了来访的意大利副总理兼外交部长达莱马先生，中意文化遗产保护中心的建设也得到他的支持，在北京设立中意文化遗产保护中心的内容被正式写入中意政府委员会第二次联席会议备忘录。2006年12月，国家文物局与意大利驻华使馆合作发展处、财务部金融司、中国文物研究所等单位就中意文化遗产保护中心贷款事宜进行了会谈，主要是就申请意大利援助性贷款建设中意文化遗产保护中心所涉及的具体申请额度、工作进度和计划安排、政府间协议文件签署、技术文件准备、筹备机构建立等议题进行沟通和协商。

目前，中国文化遗产保护正面临着大规模城市化建设带来的巨大威胁，要处理好保护和利用的关系，首先需要科学的、先进的理念和技术。中意文化遗产保护中心的建设将在很大程度上满足这样的需求。我们坚信，中心的建设将会是中意两个文明古国和文化遗产资源大国对保持全球文化多样性、推动人类文化遗产保护事业的一个重要贡献。作为中意文化遗产领域合作的平台，中心的建设不仅有利于整合、推动现有合作项目，而且可以开展新的合作项目，例如丝绸之路联合申报项目等，使之成为一个具有世界水准的高级别的研究中心。此外，中意两国可以文化遗产保护中心为平台，开展更广泛的人才培训，亚洲其他发展中国家也将从中受益，从而对人类文化遗产保护事业，包括许多发展中国家的文化遗产保护产生推动作用。但是，如同“罗马并非一天建成”一样，中意文化遗产保护中心项目的实现也不会一蹴而就。坦率地说，我们正面临着这个项目最困难的阶段，我们还缺乏相关的经验。

中意文化遗产保护中心需求的确定，是双方密切配合、深入磋商的结果，为此，我们需要建立有效的、务实的工作机制和工作班子。中意文化遗产保护中心的建设方式可以根据实际情况进行调整，以便更具有可操作性。为此，我们设想了以下三种合作形式。

一是全面合作。大额使用意大利贷款筹建中心，包括基础设施建设、仪器设备及技术服务引进。贷款主体为国家文物局，贷款额度拟定为 5 000 万欧元。

二是有限合作。使用少量意大利政府贷款，只引进急需的意大利仪器设备和技术，完全依托中国文物研究所开展工作，贷款主体为中国文物研究所。

三是挂牌合作。即不使用意大利贷款，在中国文物研究所与意大利文化遗产部门合作成果和模式的基础上做进一步的拓展，中方配套相应经费开展工作，主要引进意大利技术。

我们愿与大使先生共同努力，继续推动该项目，争取两国高层的重视和支持。目前最需要我们拿出恒心、耐心、智慧和勇气。我相信，凭借我们两国在此领域 20 年合作的基础，凭借大使先生的热情和智慧，凭借我们两国和两国民众之间长期的友好关系，我们一定能实现共同的目标。我们对此充满信心。

在东亚地区文物建筑保护理念与实践国际研讨会上的致辞

（2007 年 5 月 25 日）

今天，来自 20 多个国家和地区的 60 余位代表共聚北京，参加由中国国家文物局、联合国教科文组织世界遗产中心、国际文物保护与修复研究中心、国际古迹遗址理事会共同主办，北京故宫博物院承办的“东亚地区文物建筑保护理念与实践国际研讨会”，我谨代表中国国家文物局向各位代表的光临表示热烈的欢迎！

东亚地区文物建筑保护理念与实践国际研讨会开幕式

东亚地区文物建筑保护理念与实践国际研讨会分组讨论

今天，我们召开会议的地点位于北京历史城区，这里距离当年的皇家宫苑——紫禁城不足两公里，100 年前在这里召开国际研讨会还是难以想象的事情。时代的进步使世界发生了巨变，但是，经过人们不懈努力仍然抢救和保存下来了大量精美绝伦的文化遗产。因为人们坚信，这些珍贵的文化遗产不但是中国的，也是世界的；不但属于今天，更属于未来。将它们真实地、完整地传承下去，是我们每一代人的光荣使命。正因为如此，我们再次相聚。

中国的文化遗产保护事业越来越得到国际社会的关注和支持，我们也越来越注重与国际组织和同行们的交流与合作。令人难忘的 2004 年 6 月在中国苏州召开的第 28 届世界遗产委员会会议和 2005 年 10 月在中国西安召开的国际古迹遗址理事会第 15 届大会，给中国的文化遗产保护注入了新的理念，增加了新的活力，两次会议通过的《苏州宣言》和《西安宣言》也正在显现出日益重要的影响。

目前，中国已经加入了联合国在保护文化遗产领域的 5 个公约，并认真履行着自己的职责。同时，在文化遗产保护修缮方面，《威尼斯宪章》以及建立在它的基本理念和方法论原则上的《奈良真实性文件》和《巴拉宪章》等国际文献，也已经越来越得到中国文化遗产保护同人的普遍认可和尊重。

广泛分布于包括中国在内的东亚地区的木结构文物建筑，作为传统文化、地域文化的典型代表，具有鲜明的特点，适合当地的地理环境、气候特点和文化传统。但是它们也有一些先天的弱点和缺陷，其中典型的弱点在于木结构文物建筑的脆弱性，局部的病害不及时治理将会造成更大的问题，因此保护性修缮成为经常性的工作。

目前，东亚地区许多国家处于经济快速发展时期。在城市化进程加快的过程中，各国政府越来越重视文化遗产的保护工作，经费投入也逐年增加，文物修缮活动变得越来越活跃，也因此而受到国际社会更多的关注。例如，2006 年在维尔纽斯召开的第 30 届世界遗产委员会会议上，就对北京世界遗产地较大规模的文物建筑维修工程表示关注并提出建议。

我们感谢国际组织和同行们对中国文化遗产保护工作的关注和积极的建议，也非常荣幸地邀请各位文化遗产保护领域的著名专家来到中国北京，在遵循和坚持《威尼斯宪章》基本精神的前提下，共同探讨东亚地区文物建筑修缮理念与实践。我相信，这次会议的召开，一定会促进东亚地区的文化遗产保护，有利于保护这一地区木结构文物建筑的真实性和完整性，更有利于这些脆弱的文物建筑延年益寿，更多地保存其历史文化信息。

在东亚地区文物建筑保护理念与实践国际研讨会上的报告

（2007 年 5 月 25 日）

43 年前的今天，1964 年 5 月 25 日，第二届历史古迹建筑师及技师国际会议在威尼斯召开。会议通过了《威尼斯宪章》（即《国际古迹保护与修复宪章》，以下简称《宪章》），制定了国际公认的文物古迹保护与维修指导原则，并明确“每个国家有义务根据自己的文化和传统运用这些原则”。长期以来，《宪章》在保护文物建筑的真实价值方面发挥了重要作用，其科学性和权威性为越来越多的人所理解，成为国际文物古迹保护领域的基石性文件。虽然世界各地在文物建筑保护的实践中，因具体情况而各有特点，但是遵循《宪章》精神在过去是、将来仍然是毋庸置疑的。

今天我们来自东西方不同国家的同人会聚一堂，针对中国等东亚地区木结构文物建筑保护实践面临的难题和困惑，共同探讨《威尼斯宪章》框架下更为严谨、全面的文物建筑保护维修理念与原则，希望就我们共同关注的问题达成基本共识，作为对《宪章》精神一如既往传承与弘扬的纪念。

我报告的题目是《中国文物建筑保护的不改变文物原状原则》，拟从以下四方面进行阐释。

一、中国文物建筑之美

建筑是大地外观景致，也是反映民族审美、情趣、文化、创造力的直观符号。中国古代建筑种类繁多，可分为宫殿、衙署、陵寝、坛庙、寺塔、道观、祠堂、园林、观象台、仓廪、学宫、民居等。保存至今，中国文物建筑虽已改变原有用途，但是其造型、结构、色彩、材质积淀了丰厚的历史内涵，呈现出美的丰富性，既有客观的“物境”之美，也有主观的“情境”之美，更有抽象的“意境”之美，体现出中华文化博大精深之美。美化大地，装点河山。具体而言，中国文物建筑之美体现在以下几方面。

（一）优雅博大之美

中国古代建筑的阁楼亭台，雕梁画栋，不仅优美雅致，而且深沉博大。北京故宫建筑群就是雅致博大的代表。故宫是中国古代建筑中最高等级的皇家建筑。在北京的晴空下，大片琉璃瓦覆盖的飞扬屋脊在阳光下闪耀着黄金般光泽，完美而神秘的天际线下，气势恢宏的建筑群，尤其是中轴线上太和殿、中和殿、保和殿的造型与布局，庄严和谐，疏朗开阔，呈现出上苍之下天子帝王的至高尊严，有着傲世独立、睥睨一切的特点与王者气魄，又有传统建筑技艺达到极致的绚丽辉煌。

（二）和谐完善之美

中国古代建筑追求和谐之美，讲究用材、技艺、造型和色彩的和谐以及与周边环境的协调，因地制宜，将建筑与自然完美结合。中国传统建筑语言传达的建筑思想则呈现出丰厚的历史内涵和独特的文化色彩，追求和谐与稳定的空间构造，讲究“天地人和”的完美统一，从建筑功能到建筑形式，均追求“天人合一”的完美艺术境界。这种建筑的和谐之美既展现出中华文化、民族传统和地域文化之精华，也作用于中华民族的审美、精神以及情感。

（三）巧夺天工之美

中国古代建筑作为中华民族优秀文化传统灿烂辉煌的组成部分,形成极为精湛的建筑语言,语汇完整,包罗万象。技艺高超的构架，飞扬灵动的屋面，精美华丽的色彩，典雅复杂的装饰构件，高潮迭起的群组布局,融结构和技艺上的繁缛与外表上的单纯简约于一体，展示出中国文物建筑神韵天成、气势磅礴、充满活力的美感。

二、中国文物建筑特点

（1）历史性。中国传统建筑渊源深远，享寿弥长，繁衍不绝，脉络清晰，自成体系。

（2）丰富性。中国文物建筑种类繁多，风格多样，具有鲜明的地域性和民族性。仅民居就因地域不同、自然地理条件差异而形态各异，各地民居自成特色，民族特色缤纷多彩。

（3）礼制性。基于“礼”而形成的建筑等级制度是中国古代建筑的独特现象，其对中国古代建筑体系产生了重大影响，并形成两大特点：一是中国古代建筑类型的形制化；二是形制、法式的程式化。中国古代建筑的传统礼制成为一种象征与标志，大到城市、建筑组群、坛庙、殿堂、门阙、庭院、台基、屋顶形式、建筑面阔和进深，小到斗拱、门钉、装饰色彩等，都有固定的礼的规制。等级制对内外檐装修、屋顶瓦兽、梁枋彩绘、庭院摆设、室内陈设也都有严格的限定。以屋顶为例，从最高等级的重檐庑殿、庑殿、歇山、攒尖、悬山，到最低等级的硬山顶，形成了限制严格而完整的等级系列，对于不同等级建筑的面貌，起到了十分醒目的标志作用。

（4）脆弱性。中国文物建筑尤其是木结构文物建筑具有比较突出的易损性和脆弱性。中国古代建筑最常见的两种材料即木和土，尤其木材是中国古代建筑中最为重要的材料，在中国数千年建筑史中一直占有非常重要的地位，因此木结构成为中国古代建筑的主要结构语言。建筑内外檐的油饰彩画既有装饰作用，也有保护木构材料的意义，而墙体更是木构架的维护结构语言。墙体材料经历了土筑墙、石筑墙和砖砌墙的发展。为了防潮，建筑下部的台基用石材。从材料的寿命来看，木材易被雨水、潮湿等侵蚀而糟烂，被虫蛀、蚁啮而空朽，所以中国现今留存的文物建筑除部分完整保存下来外，有很多只留下夯土墙或石材基础等相对坚固的材料构成部分。

（5）整体性。中国文物建筑的每个局部都发挥着重要而独特的作用，局部残损可能危及整体安全。从整体看，木构文物建筑在保存的安全稳定方面具有突出的结构整体性，只要建筑的大部分骨干仍保留着原始结构的功用，构架的精神尚挺秀健在，其整体灵魂和风骨也会依然存在，常见墙倒屋不倒的现象。但是，某一局部出现残损，则容易导致其他部位受损并危及整体安全。以单体建筑中最引人注目的建筑语言——屋顶而言，屋顶是保护建筑木构架、墙体以及建筑基础安全的最重要部分，是木构的主要维护语言。屋顶受损会逐渐导致木构架残损，影响建筑的建构和整体安全。中国文物建筑易受自然风雨损毁，常见现象是屋顶漏雨逐渐侵蚀梁架、墙体，最终导致整体建筑坍塌。所以，防止木结构建筑局部损害危及整体，日常保养和局部保护加固显得十分重要。

（6）延承性。中国文物建筑具有鲜明的时代延承性，单体建筑建成于一个时代，但是不乏以后历代添加的修缮加固痕迹；群组建筑则历时较长而成，如故宫始建于明代，后经明清数朝帝王修缮扩建，代表了明清时期中国传统木结构建筑的最大成就。承德避暑山庄经过康熙、雍正、乾隆三朝将近 90 年才建成。五台山佛光寺的主要建筑东大寺是唐代的，文殊殿是金代重建的。这种延承性体现出中国古代建筑工匠对前人的尊重、传承和发展，同时也客观保存了文物建筑全部历史过程的真实性和完整性，体现出真实而不断发展的文化价值。这种延承性决定了中国文物建筑的保护维修，首先应该是使之“延年益寿”、长留人间，并尽可能保护一切历史信息。

三、中国文物建筑保护——不改变文物原状的原则

（一）“不改变文物原状”理念

《威尼斯宪章》提出，保护与修复古迹的目的旨在把它们既作为历史见证又作为艺术品予以保护，决不能改变该建筑的布局或装饰。“不能改变”是其中的关键词。

1982 年，中国同人将在文物保护理论与实践中总结出的“不改变文物原状的原则”写入《中华人民共和国文物保护法》。

2002 年，新修改的《中华人民共和国文物保护法》规定：对不可移动文物进行修缮、保养等，必须遵守不改变文物原状的原则。

1992 年，在中国召开的全国文物建筑保护维修理论研讨会上，有专家提出应建立有中国特色的文物建筑保护理论与实践科学，认为古建筑的价值在于历史的原貌，古建筑保养维修目的是延年益寿，要避免维修对古建筑造成破坏。古建筑修缮应坚持“四保存”原则，即保存原来的建筑形制、保存原来的建筑结构、保存原来的建筑材料和保存原来的工艺技术。古建筑维修的科技创新，不是替换原材料而是加固补强。

2002 年，《中国文物古迹保护准则》中再次重申“不改变文物

原状的原则”，保护是指为保存文物古迹实物遗存及其历史环境进行的全部活动。保护的目的是真实、全面地保存并延续其历史信息及全部价值。保护的任务是通过技术的和管理的措施，修缮自然力和人为造成的损伤，制止新的破坏。所有保护都必须遵守不改变文物原状的原则。不改变文物原状的原则包括保存现状和恢复原状两方面内容。保存现状指主要使用日常保养和环境治理的手段，对于出现险情的文物建筑局部可使用防护加固和原状整修手段，恢复原状指出于为文物建筑整体或残存局部的安全考虑而使用重点修复手段。在实际的文物建筑保护与维修中，正确把握恢复原状与保存现状之间的尺度极为重要。

（二）认识与意义

（1）不改变文物原状的原则，有利于保护文物建筑的真实性和完整性。古建筑是历史的物证。不改变其原状，是谨慎保存历史空间和文化记忆的良方，宗旨是保存我们了解历史、对话今古、跨越时空的媒介，就像保存时间隧道，便于我们借此追寻文脉、感受历史，明确未来发展的方向。看似只是古建筑修缮的具体理念和实施原则，实则关系到我们对待历史与未来的态度，关系到文化传承的前途。

（2）不改变文物原状是一种历史责任。我们在研究历史的过程中苦苦求证，探寻线索，以期准确了解历史的本来面貌。古建筑是历史的物证，充盈着丰富生动的历史信息，有助于我们了解历史。在对木结构文物建筑行加固排险之保护时，小心翼翼地不改变原状将意味着严肃、谨慎地保存所有的历史。我们只是历史的传承者，以崇敬前人、相信后人的负责态度，在保护前人建筑成果的真实性和完整性的同时，也将建筑的延承性忠实地留传给后人。

四、不改变文物原状原则——措施保障

（一）理念决定一切

文物建筑保护修缮的理念决定一切。应树立科学的理念。一是《威尼斯宪章》所倡导的尊重各时代为文物建筑所做的正当贡献，对于去除后代修缮部分“恢复到一定历史时期的状态”，务必谨慎小心，务必进行充分鉴别和论证，恢复要有翔实的史料和依据，要明确保护与维修的目的是消减安全隐患，是真实、全面地保存并延续文物建筑的历史信息和全部价值，无须也不应追求风格的统一。二是原物保护的理念，涉及文物建筑维修中如何对待建筑旧构件，如对建筑原物尽量少干预、少扰动、少更换，应以修复原物、消除隐患为主。三是保护文物建筑古貌。建筑不是时装，不能随意改动以迎合潮流。在不得不进行的保护性干预过程中，应尽可能多地留存文物建筑的“原汁原味”，保存古老的历史面貌，减少现代人干预的痕迹。应尽可能多地保留和使用文物建筑原构件，使用传统手段，尽可能多地留住历史的信息。四是对文物怀有敬畏之心。在文物建筑的保护修缮中，若能将每一构件、每片旧瓦奉若神明，则可避免不当修缮带来的损害。

（二）评估与研究

对文物建筑进行价值和现状评估，犹如医生治病，必须先查明病人的病因病情方能对症下药。评估离不开研究，只有以研究为基础、充分采纳研究成果的评估，才能对制定文物建筑保护修缮的具体措施提供依据，才能保证药到病除不伤身体，延年益寿。

（三）小心谨慎实施维修

《威尼斯宪章》第九条指出，修复过程是一个高度专业性的工作，

其目的旨在保存和展示古迹的美学与历史价值，并以尊重原始材料和确凿文献为依据。一旦出现臆测，必须立即予以停止。此外，即使如此，任何不可避免的添加都必须与该建筑的构成有所区别，并且必须有现代标记。维修中应尽量保留原有构件，残损的构件经修补后仍能使用的，就不要更换新件。对于年代久远、工艺珍稀、有特殊价值的构件，只允许加固或进行必要的修补，不允许更换。应强调只减不加，或多减少加，即在不扰动整体结构的前提下，把歪闪、坍塌、错乱的构件恢复到原来状态。除非主要结构严重变形，主要构件严重损伤，非解体不能恢复文物建筑的安全稳定，应尽量避免使用局部或全部解体的方法，而用其他措施达到结构整体安全稳定的目标。

《威尼斯宪章》还指出：当传统技术被证明为不适用时，可采用任何经科学数据和经验证明为有效的现代建筑及保护技术来加固古迹。强调科学研究和充分试验新技术、新材料，在文物上使用必须慎之又慎，确保文物安全。凡是有利于文物古迹保护的技术和材料都可使用，但应优先使用传统技术和工艺。

（四）保护非物质文物建筑遗产

在文物建筑保护维修过程中传统工艺、技术、材料的使用，档案的建立，保存与保护等方面，应体现可识别原则。注重保存中国皇家建筑中凝聚古代技术精华的工艺的真实性，并在保护维修工程的实施中加以传承。文物保护维修工程既要遵循与继承传统，又要进行科技创新与发展。在对以往的和正在进行的文物建筑保护维修工程进行总结和认真研究传统工艺技术的基础上，针对存在的关键问题进行科技攻关，研究采取切实有效的方法解决问题，确保文物安全。

（五）预防为主，治疗为辅

《威尼斯宪章》提出：古迹保护至关重要的一点在于日常维护。

日常维护是及时发现并消除文物建筑疾患的重要手段。日常维护包括日常监测和保养维护，这是使文物建筑延年益寿的良方。中国有句古话：小不养则至大害。目前，中国文物保护领域已培养、锻炼出一批精干的古建筑修缮和养护队伍，他们传承和弘扬传统工艺，兼用科学保护技术，对古建筑进行实时监测，及时发现险情，及时保养维护，及时排除隐患，防患于未然。

东南大学建筑学院对南京明孝陵进行定期监测，对文物建筑四方城的砖券拱结构进行了计算机模拟仿真分析。技术监测结果表明：四方城文物建筑屋顶已损毁，其变形主要以自重荷载为主。当雨水侵蚀自重发生变化时，将会产生变形；风化程度增加将导致城体结构材质强度降低；墙体本身出现空洞、裂隙等破坏完整性情况，将增加结构变形；当温度变化在 0 ~ 35 ℃时，其产生的理论变形值在 –2.5 ~ 1.1 mm，反复缩胀将影响结构整体性。由此提出修缮建议：在不损坏文物主体的情况下，对影响四方城完整性的顶部及拱体进行局部修复。

结束演讲前，我想转引两位艺术家关于建筑的点评。

俄罗斯作家果戈理：建筑同时还是世界的年鉴，当歌曲和传说都已经缄默时，只有它还有话说！

建筑大师贝聿铭：我们只是地球上的游客，来去匆匆，但建筑将永存。

坚持不改变文物建筑原状的原则，意味着我们曾经为保护珍贵的文化遗产采取行动，进行实践，我们行使了保存历史的职责，留存下文物建筑真实、完整的风貌，留给后来者真实的历史。

在东亚地区文物建筑保护理念与实践国际研讨会闭幕式上的讲话

（2007年5月28日）

在过去几天，我们来自20个国家的60余位代表，经过大会发言、小组讨论和考察北京三处世界文化遗产地，对大家所关心的东亚地区文物建筑保护理念与实践问题进行了广泛而深入的交流和研讨，取得了比较一致的共识。

会议回顾了《威尼斯宪章》等一系列文物建筑保护国际文件和准则，重点探讨了东方木结构文物建筑修缮的真实性、建筑与环境保护的完整性、文物建筑复建的条件和限制、文物建筑保护维修历史信息留存的延续性等。来自东西方不同国家的专家通过具体案例研究、现场考察等，比较全面地了解了中国、日本、韩国等东亚国家木结构文物建筑的特性、保存难点、保护方法，就实践中遇到的问题进行充分交流，并在此基础上形成了《北京文件——关于东亚地区文物建筑保护与修复》。

短暂的相聚，留给我们很多深入的思考，也留下一份文件。如果说《威尼斯宪章》是基石，我们会议形成的这份文件则在尊重和维护宪章精神的基础上，对东方木结构文物建筑保护修缮确立了相关准则，其中包括对当前所进行的探索、遇到的难题、未来的实践进行了梳理、反思和总结，对保护原则、文化多样性与保护、记录归档、真实性、完整性、修缮和修复、木结构表面色彩处理、重建、管理、展陈、培训等提出操作准则。文件就东亚地区、东方乃至世界的文物建筑保护的一些问题达成了基本共识，有利于中国乃至整个东亚地区木结构文物建筑保护与维修工作的规范开展。

这份文件凝聚着很多文化遗产保护专家的心血。早在今年年初，当国家文物局、联合国教科文组织世界遗产中心、国际文化财产保护与修复研究中心、国际古迹遗址理事会决定在北京召开东亚区域研讨会时，中国就成立了包括两位工程院院士和多位著名文化遗产保护专家在内的国内文件工作小组，经多次研讨，为会议准备了讨论的问题和素材。

正式会议尚未开始，一些国际专家已经提前赶到北京，开始了紧张的文件起草准备工作。在此我们要特别感谢德高望重的同行尤嘎·尤卡莱托先生，他作为文件的主笔人，在这几天为赶写文件废寝忘食；要感谢我们的翻译们，他们已连续几天翻译文件甚至通宵达旦。文件更凝聚着与会专家学者的集体心血，在会场发言与现场考察中，大家都在不停地研究、讨论、推敲。因此，我们要感谢所有为文件修改提出意见和建议的与会者，他们中很多人认真研究提出书面意见，深夜送交会务组时仍在执着推敲着文件的措施和构架。会议形成的国际文件，体现出我们共同审视、思索和不断完善文化遗产保护的过程，承载了文化遗产保护领域国际同行的基本共识，将成为我们今后在木结构文物建筑保护方面的行动纲领和实践准则。

这次会议自始至终洋溢着热情、开放、科学、严肃的氛围。特别是当代表们刨根问底地就一个措词或一个细节进行争论的时候，所表现出来的天真无邪的态度，实在令人感动和难忘。我想这种坚守信念、追求真理的精神，正是我们世界文化遗产保护大家庭团结、和谐的基础，也是国际文化遗产保护理念得以不断完善和丰富的根本原因。

各位代表，我们的会议已经成功履行了所有议程，即将结束。

这是一次国际文化遗产保护界群英荟萃的国际研讨会，来自东西方不同国家的著名文化遗产保护专家会聚一堂，肩负起保护人类共同遗产的职责，在世界东方，在中国北京初夏的晴空下，理性地分析、讨论东亚地区对待历史遗存的态度、原则、手段和方法，并为此开展研讨，以期寻求更为科学的保护途径。

我相信，会议所达成的共识和形成的保护理念、留下的文件以及我们所有人为保护人类共同的文化遗产所做出的努力，将值得永远回味，同时我们还将认真付诸实践。

进入 21 世纪，中国作为《世界遗产公约》缔约国，更加注重积极开展文化遗产保护领域的国际合作。我们得到了联合国教科文组织世界遗产中心、国际文化财产保护与修复研究中心、国际古迹遗址理事会的大力支持和持续关注。2004 年在中国苏州召开的世界遗产委员会第 28 届大会，2005 年在中国西安召开的国际古迹遗址理事会第 15 届大会，2006 年在中国绍兴召开的文化遗产保护与可持续发展国际会议，都不断给中国文化遗产保护领域带来来自国际文化遗产保护最前沿的新鲜经验和共识性观点。此次，中国国家文物局又有幸与上述三个国际文化遗产保护领域最具权威的国际组织联合举办“东亚地区文物建筑保护理念与实践国际研讨会”，再次体现出中国文化遗产保护界与国际文化遗产保护领域开展多边合作的良好愿望。

在此，我要特别感谢各国际组织、各位专家对中国文化遗产保护理念与实践的关注，并真诚地希望大家今后一如既往地关注中国文化遗产事业，欢迎大家对中国文化遗产保护的所有问题进行全方位的研讨和参与，不断探讨科学、有效的保护理念和方法。

在城市文化国际研讨会筹备委员会第二次会议上的讲话

（2007年5月28日）

城市文化国际研讨会的筹备工作在各部门的努力和协作下，进展比较顺利。下周六研讨会就要正式召开了，今后两周的工作将是决定此次会议成效的关键，工作时间很紧，任务很重。为此，今天专门召开筹备委员会第二次会议，各有关单位共同研究国际研讨会的组织、筹备工作。我就会议筹备也谈几点意见。

一是突出“文化遗产日”的特色。本次国际研讨会恰好在今年的“文化遗产日”开幕，可以说是选择了一个很好的时机。“文化遗产日”是由国务院特别批准设立，是全民参与文化遗产保护的重要节日。在此期间，各地都会组织社会公众广泛参与“文化遗产日”的庆祝活动，掀起文化遗产保护的宣传高潮。本次国际研讨会也可以视为“文化遗产日”的重点活动，应充分利用良好的社会氛围，动员新闻媒体集中开展宣传报道，扩大国际研讨会的社会影响。同时，也通过会议的宣传使更多的人关注和认识文化遗产保护和城市文化建设的重要性。因此，在会议组织方面，也要突出这方面的特色，例如在会场布置、会标、会议材料上都可以使用我国的文化遗产标志，会场的背景音乐也可以采用文化遗产保护公益歌曲，应该会取得很好的效果。

二是扩大会议的国际影响。本次会议作为国际研讨会，应当在会议的组织、成果等各方面都做到符合国际标准、体现国际水平、具有国际影响，办成一次名副其实的国际文化盛会。具体来说，各部门都邀请了在城市文化领域具有重要影响的国际机构和权威专家与会，现在关键是抓紧落实，并做好接待工作，从出席人员上保证本次会议的国际性。会议组织工作要到位，遵循国际会议惯例，尽可能为国内外代表的交流提供便利，在发言安排等方面可以给予国际专家必要的礼遇，例如前意大利大使、国家文物局顾问孟凯蒂先生对我国文化遗产保护给予了很大支持，可以考虑由他代表国际专家在开幕式上做简短致辞。更重要的是，会议的成果《北京宣言》要具有国际先进理念。这是我们此次国际研讨会成功与否最主要的指标。宣言起草小组非常辛苦，付出了很大的努力。宣言稿几经修改，已经有了一个很好的基础。下一步各部门还要广泛征求国内外专家意见，尤其是国际权威专家的意见，由起草小组根据这些意见做进一步的修改完善，使这个宣言能够在国际文化领域真正产生影响，发挥作用。

三是把筹备工作抓细抓实。这次会议的特殊性在于是三个部门共同办会，需要大量的协调工作，而且选在“文化遗产日”召开，会议的社会关注度会更高，影响会更大，这就要求我们周密考虑，精心组织，逐项落实，注意处理好筹备工作的每个细节。目前，各个分会场都有各部门委托的承办单位具体负责会议组织，各项准备工作也在有条不紊地进行。这方面主要是发挥承办单位的主观能动性，做到各负其责。大会开幕式、闭幕式由于涉及三个部门，需要尽早协商制定预案，抓紧落实相关事宜，并根据实际情况的变化及时予以调整。另外，各部门在会议期间准备组织的重要活动也要相互通气，要求其他部门协助的问题，需要提前打招呼，以便做好准备。

各部门之间要建立密切、通畅的工作联系，不仅本部门的联系要畅通，与相关部门的横向联系也要做到及时、到位。

由国家文化部门、建设部门和文物部门联合举办城市文化国际研讨会，可以说是一个创举，通过不同部门之间的合作，深化城市文化领域的研究，也为今后更进一步的合作打下基础。这对于三个部门来说，也是相互学习、深入交流的好机会。对于会议筹备工作而言，大家可以相互借鉴，吸取经验。总之，通过大家的共同努力，使这次会议突出特色、形成声势、办出成效、不留遗憾！

在城市文化国际研讨会上的演讲[1]

（2007 年 6 月 9 日）

我今天演讲的题目是《从“功能城市”走向“文化城市”》。

进入 21 世纪，中国的城市化加速进程吸引了全世界的目光。中国城镇的面貌正在发生着前所未有的巨变，而城市文化的传承和发展却面临着沉重的压力。与此同时，中国的文化遗产保护呈现出新的发展趋势，为城市文化建设注入了新的活力。

城市文化是建设和谐城市的重要基础，是城市竞争力的核心内容，是城市创新发展的强大动力，影响并决定着城市发展的前景和方向。从传统的功能城市到今天的文化城市，文化已经成为城市生活中举足轻重的关键元素。

一、中国城市文化建设应当避免的问题

改革开放以来，我国城市建设取得了举世瞩目的成就。但是在城市物质建设取得成就的同时，在城市文化建设方面却重视不够，归纳起来涉及 8 个方面问题或应该避免出现的情况。由此可以看出加强城市文化建设、避免城市文化危机加剧的紧迫性。

一是避免城市记忆的消失。城市记忆是在历史长河中一点一滴地积累起来的，从文化景观到历史街区，从文物古迹到地方民居，

① 此文发表于《中国文物科学研究》2007 年第 2 期，第 1 页，2007 年 6 月出版。

从传统技能到社会习俗等，众多物质的与非物质的文化遗产，都是形成一座城市记忆的有力物证，也是一座城市文化价值的重要体现。但是，一些城市在所谓的“旧城改造”“危旧房改造”中，由于急功近利心理作祟、经济利益驱使等人为因素，实施过度的商业化运作，采取大拆大建的开发方式，致使一片片积淀丰富人文信息的历史街区被夷为平地，一座座具有地域文化特色的传统民居被无情摧毁，一处处文物保护单位被拆迁和破坏的事件也屡见不鲜。由于忽视对文化遗产的保护，造成这些历史性城市文化空间的破坏、历史文脉的割裂、社区邻里的解体，最终导致城市记忆的消失。

二是避免城市面貌的趋同。城市面貌是历史的积淀和文化的凝结，是城市外在形象与内在精神的有机统一，是由一个城市的物质生活、文化传统、地理环境等诸因素综合作用的产物。一个城市的文化发育越成熟，历史积淀越深厚，城市的个性就越强，品位就越高，特色就越鲜明。但是，一些城市在建设和发展中，城市面貌正在急速趋同。由于城市规划建设中抄袭、模仿、复制现象十分普遍，面貌雷同的城市街区占据着越来越显著的位置，导致“南方北方一个样，大城小城一个样，城里城外一个样”的特色危机。各地具有民族风格和地域特色的城市风貌正在消失，取而代之的是几乎千篇一律的高楼大厦，“千城一面”的现象日趋严重。

三是避免城市建设的失调。城市建设是为了创造良好的人居环境，既包括物质环境，也包括文化环境。而城市规划则是合理配制公共资源、保护人文与自然环境、维护社会公平、弥补市场失灵的重要手段，它的根本目的不仅是建设一个环境优美的功能城市，更是建设一个社会和谐的文化城市。但是，一些城市在建设中缺少科学态度和人文意识，往往采取单一依赖土地经营和房地产开发来拉动经济的增长方式，导致出现“圈地运动”和“造城运动”，严重损害了民众利益和国家利益。一些城市盲目追求变大、变新、变洋，热衷于建设大广场、大草坪、景观大道、豪华办公楼，而这些项目却往往突出功能主题而忘掉文化责任。

四是避免城市形象的低俗。城市形象是城市物质水平、文化品质和市民素质的综合体现。它表现出每个城市过去的丰富历程，也体现着城市未来的追求和发展方向。美好的城市形象不仅可以实现人们对城市特色景观的追求和丰富形象的体验，而且可以唤起市民的归属感、荣誉感和责任感。但是，一些城市已经很难找到层次清晰、结构完整、布局生动、充满人性的城市文化形象。不少中小城市盲目模仿大城市，为了气势而不顾城市环境，把高层、超高层建筑当作城市现代化的标志，建筑体量追求高容积率而破坏了原有的城市尺度和轮廓线，寄希望于城市在短时间内能拥有更多“新、奇、怪”的建筑，以迅速改变城市的形象。而大量新建筑不是增强而是削弱了城市的文化身份和特征，使城市景观变得生硬、浅薄和单调。

五是避免城市环境的恶化。城市环境是城市社会、经济、自然的复合系统。城市环境与城市的生态发展密切相关，具有高度的敏感性。好的城市环境不但可以保证人们的身体健康，而且可以激发人们的积极性和创造性。研究城市环境的基点是如何使人与城市更好地相融，城市如何既宜人居住，又宜人发展。但是，一些城市以对自然无限制的掠夺和征服来满足自身发展的欲望，致使环境面临一系列突出问题：空气污染、土质污染、水体污染、视觉污染、听觉污染；热岛效应加剧、交通堵塞加剧、资源短缺加剧；绿色空间减少、安全空间减少、人的活动空间减少。同时，城市改造中的大拆大建造成巨大的能源、资源浪费和环境污染；错位、超载开发更使不少文化遗产地及其背景环境出现人工化、商业化、城市化趋势。

六是避免城市精神的衰落。城市精神是城市文化的重要内核，是对城市文化积淀进行提升的结果。城市精神的形成是一个长期的过程，并在历史上和现实中发挥着异常重要的作用。通过对城市精神的概括和提炼，可以使更多的民众理解和接受城市的追求，进而转化为城市民众的文化自觉。但是，一些城市注重物质利益，却忽视文化生态和人文精神。目前不少城市纷纷提出建立“国际化大都市”的目标，存在盲目攀比、不切实际的倾向。一些城市热衷于搞“形象工程”，盲目追求“标志性建筑”的数量，实际上是重经济发展，轻人文精神；重建设规模，轻整体协调；重攀高比新，轻传统特色；重表面文章，轻实际效果，表现出对文化传统认知的肤浅、对城市精神理解的错位和对城市发展前途的迷茫。

七是避免城市管理的错位。城市管理是一项复杂的系统工程，但其实质是人作用于城市发展的过程，故人应肩负起对未来城市的责任。通过城市管理不但要为人们提供一个工作方便、生活舒适、环境优美、安全稳定的物质环境，而且要为人们提供一个安静和谐、活泼快乐、礼让互助、精神高尚的文化环境。这就需要用文化意识指导城市管理。但是，一些城市在管理内容上重表象轻内涵，在管理途径上重人治轻法治，在管理手段上重经验轻科学，在管理效应上重近期轻长远。由于不能在不断发展的形势下，不断从更高层次上寻求城市管理的治本之策，往往在城市问题已然成堆、积重难返之际，才开始采取各种应急与补救措施，而为时已晚。“城市病”所产生的系列病状及后遗症，病根在于城市管理缺乏长远的战略眼光，缺乏应有的文化视野。

八是避免城市文化的沉沦。城市文化是市民生存状况、精神面貌以及城市景观的总体形态，并与市民的社会心态、行为方式和价值观念密切相关。城市文化在漫长的历史过程中积淀、缓慢演变发展，形成城市的文脉。城市的文化资源、文化氛围和文化发展水平，在一定程度上体现出城市的竞争力，决定着城市的未来。但是，一些城市面对席卷而来的强势文化，不是深化自身的人文历史，而是浅薄化自己的文化内涵，使思想平庸、文化稀薄、格调低下的行为方式弥漫在城市的文化生活之中，消解着人们对于优秀传统文化的理解和继承。在文化领域，一些人的价值观扭曲、错位，拜金主义、享乐主义蔓延，“文化危机”问题以及伴随而来的种种不良社会现象日益严重，究其深层次原因，是文化认同感和文化立场的危机。

二、中国文化遗产保护发展的新趋势

文化遗产保护是城市文化建设必不可少的重要组成部分。从根本上说，城市作为人类文明发展和集聚的产物，本身就是文化遗产。当前，我国文化遗产保护经历了从“文物”到“文化遗产”的历史性转型，呈现出新的发展趋势。文化遗产的内涵逐渐深化，注重其历史传承性和公众参与性；文化遗产的保护领域不断扩大，并由此引发了其要素、类型、空间、时间、性质、形态等各方面的深刻变革，为推动城市文化建设带来了新的机遇。

（一）文化遗产概念的发展过程

中国素有保护古代遗存的悠久传统，早在1 000多年前的宋代，收集、研究和刊布金石铭刻就已经形成学科，文人雅士则热衷于收藏“古董”、鉴赏“古玩”和研究“古物”。20世纪初，通过对古代遗存发掘和研究而重建古代历史的现代考古学带来“文物”的概念，古代遗存的文化内涵和价值得以不断揭示。

1982 年中国颁布的《中华人民共和国文物保护法》，建立了历史文化名城保护制度。2002 年新修订的《中华人民共和国文物保护法》，又将历史文化街区、历史文化村镇的保护纳入法律内容，标志着中国开始建立起单体文物、历史地段、历史性城市的多层次保护体系。

2005 年 12 月《国务院关于加强文化遗产保护的通知》的发布，加快了中国从“文物”保护走向“文化遗产”保护的转型进程，文化遗产保护工作的内涵和外延都有了新的发展和变化。在这一新形势下，深刻理解文化遗产保护理念，准确把握其发展趋势，并以此推动城市文化建设，是关系到当前中国文化遗产保护事业和城市发展全局的重大课题。

（二）文化遗产保护内涵的深化

文化遗产保护的内涵更加突出历史传承性和公众参与性。文化遗产保护的历史传承性强调，文化遗产的创造、发展和传承是一个历史过程。每一代人都既有分享文化遗产的权利，又要承担保护文化遗产并传于后世的历史责任。

人类文明是在世代的文化创造和积累中不断发展和进步的，每一代人都应当为此做出应有的贡献。这种贡献既有自身的文化创造，也包括将文化遗产传于子孙，泽被后世。未来世代同样有权利传承这些文化遗产，与历史和祖先进行情感和思想的交流，吸取智慧和力量。

因此，作为当代人，我们不能因为有权独享现在的优势，而随意处置祖先留下的文化遗产。我们不仅要为自己不遗余力地保护这些珍贵的文化财富，在传承和守望的同时适当地加以利用，而且要为子孙后代妥善保管，传之久远，“子子孙孙永葆用”。

文化遗产保护的公众参与性强调，文化遗产保护并不仅仅是各级政府和保护工作者的专利，更是广大民众的共同事业，每个人都有保护文化遗产的权利和义务。

中国文化遗产蕴含着中华民族特有的精神价值、思维方式、想象力，体现着中华民族的生命力和创造力，是各民族智慧的结晶，是全社会共同的文化财富,也是全人类文明的瑰宝。从根本意义上说，中国各族民众既是这些珍贵文化遗产的创造者，也是文化遗产的传承者。广大民众的支持是文化遗产保护事业赖以存在和发展的决定性力量。如果民众不珍视、不爱惜、不保护、不传承我们的文化遗产，文化遗产将无法挽回地加快走向损毁和消亡。因此，文化遗产保护既要坚持以政府为主导,明确各级政府和有关部门的重要职责，又要广泛动员全体民众，使其真正成为全社会关心、支持和参与的公共事业。

随着中国经济社会事业的迅速发展，民众自觉参与文化遗产保护等社会公共事务的意识逐渐增强，参与的范围和程度日益加大。但是，由于时光流逝和文化遗产原有人文、自然环境的变化，民众与文化遗产之间的相互关联日渐疏远，文化情感日趋淡漠。许多现代人越来越难以或者疏于理解文化遗产的价值所在。而文化遗产保护工作者专注于通过保护工程和技术手段遏制文化遗产本体以及周边环境的恶化,却往往漠视了民众分享和参与文化遗产保护的权利，忽略了重建民众与文化遗产之间的情感联系。

文化遗产植根于特定的人文和自然环境，与当地居民有着天然的历史、文化和情感联系，这种联系已经成为文化遗产不可分割的组成部分。忽视和割断文化遗产与民众的历史渊源和联系必将损害文化遗产的自身价值，甚至危及其存在的基础。我们必须尊重和维护民众与文化遗产之间的关联和情感，保障民众的知情权、参与权和受益权。无论是在历史文化街区和历史文化村镇的保护事业中，在考古发掘和文物保护修缮等工程中，在博物馆建设和陈列展示等工作中，都应该积极取得广大民众，特别是当地居民的理解和参与。

只有当地居民倾心地、持久地自觉守护，才能实现文化遗产应有的尊严，才能使文化遗产具有强盛的生命力，成为社区的骄傲。只有当全体民众都积极投入到文化遗产保护事业之中，以维护和实现自身的文化权益，才能变“少数的抗争”为“共同的努力”，才能使文化遗产保护形成强大的社会意志，取得真正的成效。

可喜的是，中国国务院已经决定自2006年起，每年6月的第二个星期六是中国的“文化遗产日”。“文化遗产日”的设立进一步将文化遗产保护事业变为亿万民众的共同事业，为保护文化遗产提供了更广泛、更强大的公众支持和更丰富的物质保障，使文化遗产真正为社会公众所共享，更有力地推动文化遗产所在地经济社会的和谐发展。

（三）文化遗产保护外延的发展

在保护的外延方面，文化遗产保护的领域不断扩大，比较突出地表现为以下六个趋势。

一是在文化遗产的保护要素方面，从重视单一要素的遗产保护，向同时重视由文化要素与自然要素相互作用而形成的混合遗产、文化景观保护的方向发展。文化遗产的产生和发展与其所在的自然环境是密不可分的。中国自古以来一直崇尚人与自然的和谐共处。在古代建筑和城镇村落的规划设计中风水堪舆之学极为盛行，许多名山大川更是人文胜景荟萃之处，形成了我国文化遗产与自然遗产相互交融的重要特性。

二是在文化遗产的保护类型方面，从重视“静态遗产”的保护，向同时重视“动态遗产”和“活态遗产”保护的方向发展。文化遗产并不意味着是死气沉沉或者静止不变的，它完全可能是动态的、发展变化的和充满生活气息的。许多文化遗产仍然在人们的生产生活中发挥着重要的作用，甚至不断地吸纳更多的新鲜元素，充满着生气与活力。

三是在文化遗产的保护空间尺度方面，从重视文化遗产点与面的保护，向同时重视大型文化遗产和线性文化遗产保护的方向发展。文化遗产保护的视野已经不再局限于单个文物点或者古建筑群、历史文化街区、村镇，而是扩大到空间范围更加广阔的大遗址、文化线路、文化遗产廊道等。

四是在文化遗产保护的时间尺度方面，从重视古代文物、近代史迹的保护，向同时重视 20 世纪遗产、当代遗产的保护方向发展。当前，中国经济社会的快速发展使社会生活的各个方面都在发生急剧变化，原有的生产生活方式及其实物遗存消失速度大大加快。如不及时加以发掘和保护，我们很可能将在极短的时间内彻底忘却昨天的这段历史。进入 21 世纪以来，一批具有代表性的 20 世纪遗产、当代遗产被列为各级文物保护单位，得到了有效保护。

五是在文化遗产的保护性质方面，从重视重要史迹及代表性建筑的保护，向同时重视反映普通民众生活方式的民间文化遗产、世间遗产保护的方向发展。人们越来越认识到应更加注重对民间文化遗产的保护。民间文化遗产过去常常被认为是普通的、一般的、大众的而不被重视。但是它们却是养育了一代又一代民众的生活文化，反映了他们最真实的生活状况，记录了他们平凡的喜怒哀乐，具有广泛的认同感、亲和力和凝聚力。它们具有鲜明的民族性、地域性特征，是人类文化多样性的重要表现形式。

六是在文化遗产的保护形态方面，从重视物质要素的文化遗产保护，向同时重视由物质要素与非物质要素结合而形成的文化遗产保护的方向发展。物质与非物质文化遗产的区分只是其文化的载体不同，两者所反映的文化元素仍然是统一和不可分割的。因此，物质和非物质文化遗产必然相互融合，互为表里。我们在着力保护文化遗产的物质载体的同时，必须重视发掘和保存其蕴含的精神价值、思想观念和生活方式等无形文化遗产，必须更积极地探索物质与非物质文化遗产保护相结合的科学方式和有效途径。

三、从“功能城市”走向“文化城市”

1933年，国际现代建筑协会第4次会议提出了关于“功能城市”的《雅典宪章》。该宪章以功能分区的观念规划城市，并指出城市的居住、工作、游憩和交通四大功能要协调、平衡发展。功能城市的理念对城市规划和发展产生了重要影响。

但是，人们从实践中逐渐认识到，仅仅依靠功能分区无法解决复杂的城市系统中的诸多问题。文化作为城市发展的核心价值，具有越来越突出的决定性作用，而文化遗产则是城市文化发展最重要的基础和最宝贵的资源、财富。

（一）城市文化和和谐城市

城市文化是社会文明在城市的缩影，是社会和谐在城市的集中表现。“以人为本”和“科学发展观”既是治国谋略，更是城市文化的精髓，是实现社会和谐、诚信、责任、尊重、公正和关怀的保证。将这一文化精髓贯彻到城市发展的各项事业中去，才能创造和谐城市，实现文化与经济发展的良性循环。

市民是城市的真正主人，既是城市文化的受益者、传承者，也是城市文化的体现者、创造者。市民素质影响并决定着城市素质。因此，创造和谐城市，首先取决于城市市民的文化素养。这种素养一方面来源于当地和民族的传统文化，另一方面则是来源于在全球化背景下外来文化、多元文化的冲击和影响。但是，能够使广大市民所熟悉、理解和接受，并凝聚、提炼成为城市精神和文化特色的，只能是以前者为主体，充分吸收现代文明的积极因素。否则，城市文化和精神就会成为无源之水，无本之木，失去自身的根基和特色。

中国自古以来就有“天人合一”“和而不同”之说，倡导人与自然、人与人之间的和谐共处，对中国传统文化有着十分深刻的影响，在许多城市的文化遗产中都有着直接的反映。通过保护和发掘城市文化遗产中蕴藏的丰富的历史文化内涵，继承和弘扬和谐共处的传统文化思想精髓，提升市民的总体文化素质，形成和谐积极的城市文化氛围，是建设和谐城市的重要基础。

适宜居住是和谐城市的重要特征，也是“以人为本”在城市建设、管理中最直观的反映和要求。2005 年 1 月，中国国务院正式批复《北京城市总体规划（2004—2020 年）》。此次总体规划在国内首次明确提出了“宜居城市”的概念。随后，全国各地许多城市都以此作为未来城市的建设发展目标。

将城市目标定位为适宜居住，体现了城市建设和发展从以物为中心向以人为中心的转变，不仅关注城市的物质生产、经济积累以及城市各方面的建设在数量上的增长，更关注文化的发展，关心人的发展成长，重视和发挥人的作用。这就对城市的管理者和决策者提出了更高的要求。

适宜居住就是要以市民的全面发展和身心愉悦为中心进行规划

建设，而不是片面地追求“政绩工程”“形象工程”。不仅要有舒适的居住条件、良好的生态环境、富有活力的工作氛围、完备的基础设施、完善的社会保障、安全的社会治安与和谐的人际关系，更要继承和培育城市文化。通过保护城市赖以产生和发展的历史人文环境，尤其是城市文化遗产的各种物质和非物质的表现形式、环境景观、空间范围，提高市民对城市的亲切感、满意度，为他们提供更多的精神享受和情感慰藉。因此，“宜居”更是一种理念，一种感受，一种和谐和一种文明。

（二）文化竞争力决定城市竞争力

城市是人类文化的最高体现和重要结晶。一个城市的发展既取决于经济实力，也取决于文化实力。城市竞争力是一个综合概念，既包括经济竞争力，也包括文化竞争力。当前，文化竞争力对城市发展的影响与作用越来越突出，成为推动城市经济社会可持续发展的重要力量。

城市文化的力量正取代单纯的物质生产和技术进步而日益占据城市经济发展的主流。在物质增长方式趋同、资源与环境压力增大的今天，城市文化逐渐成为城市发展的驱动力，体现出较强的经济价值和社会价值。这也是城市文化得到各国城市政府关注和重视的主要原因。

文化竞争力又可以分为文化硬实力和文化软实力。文化硬实力包括一个城市的文化设施健全程度、文化遗产数量、文化从业人员的结构等。文化软实力则包括一个城市的文化氛围、文化传统、文化法规健全程度和城市居民的规则意识等。与提升文化硬实力相比，提升文化软实力更为艰巨。要加强城市文化建设的“软道理”，就要以弘扬民族精神、树立共同理想为核心，让城市保持各自的文化特征。

文化软实力能够使人们潜移默化地接受文化价值观，因而日益受到关注。当今经济活动依靠的是文化内核，科研创新依靠的是文化造诣，生产管理依靠的是文化修养，技术掌握依靠的是文化素质。文化与经济日益相互交融，文化对经济社会的发展起着越来越重要的作用。

传统文化是增强一个城市的认同感和凝聚力的重要内容，是激励一个城市不断开拓前进的强大的精神力量。城市鲜明的文化个性是城市文化的魅力所在，也是城市文化的生命力和竞争力之所在。因此，保护城市传统文化和文化遗产，发掘和彰显城市的文化特色和个性，成为增强城市的吸引力、凝聚力和竞争力的有效途径。

城市文化品牌是城市文化竞争力的重要组成部分。城市文化品牌应源于生活而又高于生活，具有鲜明的文化特征，能包容所代表城市的文化性格，代表这个城市在社会公众中的总体印象和评价，并容易为人们所记忆和指认。好的城市文化品牌是城市的内在素质和文化内涵的外在表现，同时也是城市的整体风貌和特色，是城市文化价值的体现，它可以起到升华城市形象、凝聚城市精神的作用。

深厚的文化积淀是形成城市文化品牌的重要源泉。只有个性化才是不可替代的，只有唯一性才能获得长久的生命力。一个城市的文化品牌要享誉全国，走向世界，先决条件是对那些能够体现城市特色的文化资源进行有效的挖掘、集聚、整合和利用，使其以独特的魅力获胜。特色一旦形成，就会成为稳定的知识产权。因此，城市文化品牌的确立，一定要维护好历史传承，留住城市的“命脉”，在保护中弘扬，并取得市民的认同和参与，使城市的历史文化积淀再现时代人文之光。

（三）城市文化创新引领城市发展方向

当前中国城市不仅面临着对旧有的文化遗产保护不力的问题，更面临着对新的城市文化创造乏力的问题。丧失了保留至今的文化遗产，城市将失去自己的文化记忆；创造不出新的城市文化，城市将迷失自己的发展方向。城市文化首先必须承载历史，反映城市的历史发展过程及其特有的文化积淀；城市文化也要展现现实，多层次、多侧面、多角度地反映现实城市文化内涵；城市文化还必须昭示未来，顺应城市的文脉，发展、创造属于自己城市独特的新文化。

文化遗产包含了随着时代迁移与变革而被人们忽视或忘却的文化记忆，只有唤起这些记忆，才能真正懂得人类文化整体的内涵与意义。文化创新的高度往往取决于对文化遗产发掘的深度。同时，城市的发展，不仅要有对文化遗产的传承，还要有对新的城市文化的开拓和创造，应该有创新的能力，能够不断创造出属于自己的新的文化，这样才能始终保持活力。

城市文化不是化石，化石可以凭借其古老而价值不衰；城市文化是活的生命，只有发展才有持久的生命力，只有传播才有影响力，只有具备影响力，城市发展才有持续的力量。所以，城市文化不仅需要积淀，还需要振兴，需要创新。只有文化内涵丰富、发展潜力强大的城市才是魅力无穷、活力无限的城市。从另一个角度来讲，在当前，不断创造新的城市文化，是满足城市居民精神文化需要的必然要求。面对城市居民迫切呼唤新的城市文化生活，也要求城市必须提高自己对新的城市文化的创造能力。保护与发展必须统一起来，而且可以统一起来，保护传统文化本身就是现代化城市建设的不可或缺的重要组成部分。

总体而言，不论未来城市的结构与形态如何变化，在城市文化的组成中，必然既有本土文化，又有外来文化；既有现代文化，又有传统文化。城市就是这样一个多种文化的共存体。这种文化的共存，有它的必然性和规律性，我们要更加自觉地认识和利用这些规律来创造独具特色的城市文化。城市文化是不断更新的动态文化，是体现时代特征，随着城市的不断发展而向前推进的文化。

城市文化保护与城市对外开放并不矛盾，反而相辅相成。古今中外的城市，凡是能够吸引人的，都凸现在与其他文化的交流上，而不是与世隔绝。城市发展的重心是文化，文化也是城市发展的最终价值。现代城市要在发展中进行长期和持久的文化再造，并在再造中创造新文化。

21 世纪的人类文明主要是城市文明。在城市建设中应当鲜明地提出“文化城市”主题，注重城市人文生态的平衡和发展，在发展特色城市、魅力城市上下功夫，以突出城市综合竞争力中的文化竞争力，校正当前城市建设中忽视文化的弊端。

未来始于足下，今天从历史中走来。我们回首过去，立足现在，面向未来，以期在 21 世纪里能更自觉地营建美好、宜人的人类家园。城市不仅具有功能，更应该拥有文化。文化是城市功能的最高价值，文化也是城市功能的最终价值。城市化进程不仅仅是一个量的指标，更应该是一个质的飞跃。从“功能城市”走向“文化城市”，就是这种质的飞跃的核心理念与理论概括。21 世纪的成功城市，必将是文化城市。

在接待美国总统文化代表团时的演讲

（2007年6月10日）

一、中国文化遗产概念的发展过程

中国素有保护古代遗存的悠久传统，早在1 000多年前的宋代，收集、研究和刊布金石铭刻就已经形成学科，文人雅士则热衷于收藏“古董”、鉴赏“古玩”和研究“古物”。20世纪初，通过对古代遗存发掘和研究而重建古代历史的现代考古学带来“文物”的概念，古代遗存的文化内涵和价值得以不断揭示，并开始了对文物建筑的保护修缮和学术研究工作。

1982年中国颁布的《中华人民共和国文物保护法》，建立了历史文化名城保护制度。2002年该法修订，又将历史文化街区和历史文化村镇纳入保护内容，标志着中国开始建立起单体文物、历史地段、历史性城市的多层次保护体系。中国登记的地上地下不可移动文物近40万处，其中公布为国家级、省级和市县级文物保护单位的不可移动文物7万余处。全国有各类博物馆2 300余座，初步形成了门类齐全、特色鲜明的博物馆体系。

1985年，中国成为《世界遗产公约》的缔约国。1987年长城等6项遗产列入《世界遗产名录》。目前中国已拥有33处世界遗产，其中24处世界文化遗产、5处世界自然遗产和4处文化与自然混合遗产。

嘉峪关关城

二、中国文化遗产保护存在的问题

进入 21 世纪，中国面临城市化加速进程，每年有上千万农业人口移居城市。住房、就业需求引发大规模的城乡建设，造成城市规模迅速扩大，城市建设与文化遗产保护的矛盾异常突出。当前，就中国文化遗产保护总体状况而言，面临前所未有的重视和前所未有的冲击并存的局面。一方面，国家保护立法加快，资金投入加大；另一方面，一些历史街区迅速消失，文化遗产遭到破坏。

文化遗产保护安全形势严峻。破坏和损毁文物的事件屡见不鲜，违法建设、盗掘古墓葬、盗窃馆藏文物、非法交易文物等行为屡禁不止。文物犯罪活动呈现集团化、智能化、暴力化、国际化的趋势。在雨水入侵、风沙危害、自然坍塌、生物虫害等频发的自然灾害面前，文化遗产往往显得十分脆弱。而在文物本体保护的诸多技术难题面前，今天科学技术的贡献率尚不高。

城市建设存在“特色危机”。规划手法抄袭趋同现象十分普遍，造成“南方北方一个样，大城小城一个样”。不少城市追求高层建筑的数量和大体量的建筑物、大规模的建筑群，导致城市面貌千篇一律。一些文化遗产地面临游客超载、错位开发的严重威胁。

颐和园

三、中美文化遗产领域交流与合作

中国文化遗产保护已经进入国际视野。不可否认，相比国际先进水平我们尚有不少差距。在全球化的背景下，如何保持文化多样性，如何更好地承担国家责任、国际责任，均是我们面临的新的重大课题。近年来，我们努力通过开展国际合作，引进新的文化遗产保护理念和技术，提高中国文化遗产保护水平，为此我们特别重视在文化遗产保护领域与美国同行开展交流合作。

近年来，中美之间在考古发掘、学术研究、文化遗产保护专业人员培训、文物保护修复技术等方面开展了卓有成效的合作，不断取得突破性进展。同时，美国同行为中国文化遗产保护带来了先进的保护理念。国家文物局已经批准了近百项不同种类、不同规模的中国文物展览到美国展出。同时，美国同行也开始在中国推出更多的美国艺术展览。但是总体来说，美国来华展览数量和水平目前仍然落后于法国和俄罗斯等许多国家。

在中美文化遗产领域合作不断加强，不断取得进展的同时，有一件不和谐的事情一直困扰着我们，这就是共同打击盗窃、盗掘和非法进出境文物问题，也是世界上许多国家文化遗产保护面临的严重问题。我们了解到美国政府对此事的原则态度，看到美国海关也多次将查获的非法入境的中国文物向中国国家文物局通报，协助将部分被盗文物返还给中国。同时，美国政府已在公约框架内与十几个国家的政府签署了限制非法进出境文物的双边协定。

在过去几年里，中美双方有关部门为签署协定做出了许多努力，达成了共识。遗憾的是，由于种种原因，中美两国至今还未能签署这个协议。中美两国协议的签署将向世人明确表明美国政府反对非法进口他国文化财产的立场和态度，将不仅有助于减少在中国发生的盗窃、盗掘文化遗产案件，而且会对保护世界范围内的文化遗产产生积极的影响。

今天，在古老的文化遗产长城的见证下，相信通过我们共同的努力，中美两国在文化遗产保护领域开展更多的交流和更加全面的合作，文化将会促进中美两国民众的沟通和理解，推进中美两国在新世纪中携手发展。

“国宝”回家任重道远[①]

（2008年1月20日）

作为历史悠久的文明古国，我国蕴藏着丰富的地上、地下文物资源。19世纪后半叶至20世纪百余年的时间里，我国历史文化遗产的散失毁坏不计其数。“英法联军”对“万园之园”圆明园进行的野蛮掠夺和焚烧，“八国联军”在北京对皇室珍宝的疯狂劫掠，斯塔因、斯文·赫定、伯希和、大谷光瑞等人打着“文化考察”“地理探险”的幌子，对我国西北地区的石窟、壁画和古文化遗产进行的肆意盗窃和非法挖掘，加之敌寇劫掠、战火损毁、奸商盗运，使中华文物遭受了前所未有的浩劫。辛亥革命之后，末代皇帝溥仪又携大量珍贵的宫廷藏品北上，途中的变卖加上在伪满皇宫中被士兵哄抢致使1200余件宫廷文物精品绝大部分流失海外。1928年，清东陵陵寝被军阀孙殿英率部野蛮盗掘，墓中所聚国之瑰宝被洗劫一空，绝大部分被孙殿英用于购买军火而散佚异域他乡。日军侵华战争给我国的文化遗产带来了一场浩劫。这一时期最为严重的是北京猿人头盖骨的失踪。据1945年11月建立的清理战时文物损失委员会的不完全统计，日军侵华战争期间仅从中国掠走的文物至少有3 607 074件又1 870箱，绝大多数至今没有归还。

① 此文发表于《中国政协》2008年第1期，第62页，2008年1月20日出版。

中华人民共和国成立初期，国家颁布了《禁止珍贵文物图书出口暂行办法》《文物保护管理暂行条例》等一系列保护文物的法规法令，逐步建立起一套以文物部门为主，公安、海关、工商等多部门联合的文物安全保卫和流通秩序维护的行之有效的管理体制，结束了我国文物大量流失的历史。但是，20 世纪 80 年代中期以后，为牟取暴利而盗掘古墓葬、古遗址、盗窃文物，非法交易并将其走私海外的犯罪行为，对我国的文物安全构成极大威胁，造成了新一轮的文物流失。

作为国际社会的一种共识，被非法转移的文物应该尽可能地归还给原产国。因为文物是一个国家或者民族的象征，是一个国家或者民族历史的见证。更重要的是，文物是一种不可再生、复制和替代的资源。所以，国际社会做出许多努力，来遏制和打击对文物的盗窃、非法挖掘和贩运以及任何形式的破坏，积极促进被非法转移的文物返还原产国以及原所有人。在第二次世界大战（以下简称“二战”）即将结束之时，为了避免对被占领土造成更严重的财产毁坏，1943 年，同盟国在伦敦发布了《反对在被占领土从事掠夺行为的宣言》。该宣言宣布：一切被占领土上财产的转移、交易行为均属无效，不管这种转移或交易采取公开掠夺还是合法的形式，即便它们被赋予了“自愿”的形式也是无效的。中国作为同盟成员签署了该宣言，也就是说，中国保留战后追究战争期间被掠夺、转移的财产以及掠夺、转移文物的行为的权利。

二战结束后，国际社会认识到文物在战争中遭受到严重的破坏，决定采取一切必要的措施保护文物免受战争的威胁。1954 年联合国教科文组织制定了《关于在武装冲突情况下保护文化财产的海牙公约》。该公约第 4 条及其议定书都禁止在武装冲突情况下对另一缔约国文化财产的盗窃、盗用、掠夺和任何形式的破坏行为。此外，1970 年联合国教科文组织《关于禁止和防止非法进出口文化财产和非法转让其所有权的方法的公约》和 1995 年国际统一私法协会《关于被盗或者非法出口文物的公约》都明确要求缔约国采取一切必要措施禁止和防止进口从他国盗窃和非法出口的文化财产，防止其所有权的非法转让，并采取适当措施收回和归还此类文化财产。

为了弥补上述公约无追溯力的缺陷，近年来教科文组织又积极倡导提出了二战文物返还等方面的一些基本原则和建议。虽然它们都不具有法律约束力，但为国与国之间进行双边或多边谈判提供了指导意见，成为今后文物返还领域国际法发展的重要基础。据了解，在国际社会的努力促进和文物流失受害国的不懈追求下，有关国家之间也进行了积极的磋商，并取得显著进展。例如，1996 年，德国和俄罗斯政府在经历多年谈判后达成一项双边文化合作协定，以促进二战期间从对方领土上获得的文物归还给对方。俄罗斯政府在国际社会的强大压力下，经过艰难抉择，最终于 2003 年宣布了一项重大决定，归还二战结束前作为战利品从德国运回苏联的艺术品。据悉这批艺术品共计 100 万件，主要是纳粹德国从欧洲各地掠夺来的，其中包括不少著名画家的绘画作品以及奥地利私人图书馆珍藏的 15—18 世纪的 1 000 多本书籍和手稿孤本等文物珍品。2005 年，意大利将 20 世纪三四十年代墨索里尼掠走的阿克苏姆方尖碑归还给了埃塞俄比亚。

国际社会文物保护意识的提高和普及，为我们推动非法流失海外文物的返还提供了可能，而一系列国际公约的出台，则为推动非法流失海外文物的返还提供了法律依据和操作手段，国际上成功返还案例的不断涌现更为推动我国流失文物返还工作增添了动力。

文物流失是民族文化遗产的悲剧。特别是流失海外的中国文物，除具备常规意义上的历史、科学、艺术价值之外，还因为它们与民族的盛衰荣辱的密切关联而特别牵动人们的情感。

中华人民共和国成立伊始，周恩来总理即批准以重金购回著名的王献之《中秋帖》和王珣《伯远帖》；数十年来故宫博物院、上海博物馆等单位面向社会及海外征集了大量铜器、瓷器、金银器等文物珍品。1998 年上海图书馆斥资 450 万美元从嘉德拍卖公司购回了早年流散在海外的《翁氏藏书》；2002 年起，国家设立了“国家重点珍贵文物征集专项经费”，专门用于支持国家文物局征集境内外特别是境外具有重大价值的、急需由国家收藏的早年流失文物。例如，当年国家就斥资 2 999 万元购回了早年流失到日本的米芾的《研山铭》。通过国家专项征集的方式，2006 年 4 月，流失海外近百年的中国青铜瑰宝“子龙鼎”也终于回归祖国怀抱。大部分专项征集的流失文物已经进入博物馆充实馆藏，并进行了重点展示。

为了保护文物，打击非法贩运，我国积极寻求在文物返还等方面的国际合作，响应并加入了上述国际公约。近年来在联合国教科文组织 1970 年公约框架下，我国与秘鲁、意大利、印度、菲律宾等国签署了打击文物走私、保护文化遗产的双边协定。依据国际公约，通过法律、外交等多种手段，在有关国家政府和国际组织协作下，一大批被走私出境的流失文物相继成功返还我国。如 1988 年 11 月，中国有关方面发现纽约苏富比拍卖行公开拍卖的东周青铜敦系湖北秭归县屈原纪念馆当年 6 月所失，遂以完备的证明资料向美方索回；1998 年 6 月末，通过国际刑警组织从美国追索回了河南巩义县宋永泰陵前的客使头像；1998 年 5 月国家文物局从英国一次索回 3 000 多件（套）走私文物，这是首次以法律武器为主、辅以外交等手段与国际走私团伙斗争取得的重大胜利；2000 年，当获悉美国克里斯蒂拍卖行将要拍卖我国河北曲阳王处直墓被盗浮雕之后，国家文物局会同河北省文物局仅用了一个月的时间就完成了大量的取证调查工作，通过外交手段和法律途径成功地将被盗文物追索回国。

近几年，中国民间对流失海外文物的回归表现出较大的关注。随着中国拍卖业的迅速崛起，很多流失在海外的艺术珍品开始纷纷回到国内的拍卖场中。此外，海内外有识之士的捐赠返还义举也促成了一大批文物回归祖国。例如，全国政协常委、知名爱国人士何鸿燊先生将其购得的流失海外的珍贵文物圆明园海晏堂马首铜像捐赠给国家。

促进流失文物的回归，是国家文物局的一项重要工作。我国政府一贯主张通过法律和外交手段的主渠道，按照国际社会处理文物返还问题的法律框架和原则，依靠国际合作，打击文物走私，追索非法流失海外的中国文物。特别是对于 20 世纪七八十年代以来被盗掘、盗窃走私出境的文物必须坚持通过法律和外交手段追索。同时，继续在谨慎地鉴别文物来源的基础上，合理、合法地通过示范性购买的方式促进早年流失文物的返还；欢迎和鼓励通过合法程序以捐赠的方式促成流失文物的回归。这些都是当前促进流失海外文物回归的重要渠道。

另一方面，促进非法流失文物的返还还是一个涉及面很广的系统工程，还需要在政府相关部门统筹、协调下，充分借助国际国内的各种有利因素，做好打击文物盗掘、走私犯罪，加强可移动文物登记和出境监管，加强对促进流失文物返还领域的系统学术研究等一系列基础工作。

促进流失文物回归依然任重道远，我们应当怀有历史的使命感和紧迫感，抓住一切有利时机和条件，在全社会营造共同抢救祖国珍贵文物的氛围，让全社会都能够有意识地投入文化遗产保护的事业中来，这是我们当今乃至以后促进流失文物返还工作的最终目标。

在美国规划协会成立 100 周年论坛上的报告

（2008 年 5 月 1 日）

首先，我要感谢美国规划协会举行这场盛会，使我有机会同各位新老朋友、各位同行相聚，畅叙友情，交流思想，共展未来，我感到非常高兴。我永远难忘 3 年前的旧金山，2005 年美国规划协会年会，全球经济一体化与文化保护高峰圆桌会议，我的《从“功能城市”到“文化城市”》的发言，赢得了同行们的理解。

长期以来，美国规划协会积极致力于在中国的全面发展，与政府、专业机构等建立了广泛的合作关系，尤其在城市规划和设计等方面，在中国开展了一系列项目，已经成为各地方政府重要的合作伙伴。中国国家文物局与美国规划协会于 2005 年 3 月在旧金山签署了交流合作谅解备忘录。3 年来，这项备忘录增进了两国在城市和区域规划中文化遗产保护信息的合作与交流，共享教育、研究和发展机会。在这里，我谨代表中国国家文物局和文化遗产保护领域的同行们，向你们表示衷心的感谢！我还要通过你们，向所有关心和支持中美关系发展的美国朋友们，表示良好的祝愿！

2007 年 6 月，美国总统艺术人文委员会代表团一行，35 位联邦政府的高层文化官员和知名人士访问中国，无论对于中国还是美国，在文化艺术层面，都是一次令人难忘的友好交流。在长城脚下，代表团全体成员与中国国家文物局举办了文化遗产保护座谈会，就双方共同关心的一系列文化遗产保护问题进行研讨。

我这次应邀出席会议，目的就是同美方同行加强对话，增进了解，深化合作，推进中美文化遗产保护领域新的合作关系。来美期间，我同美方朋友进行了富有成效的会谈，取得了一些重要共识。我最深切的感受是，中美双方都有进一步发展两国相关领域关系的强烈愿望，都认识到文化遗产保护已远远超出某一国家的范畴，越来越具有全球意义。

女士们，先生们，朋友们!

城市是个古老而年轻的话题。与具有40多亿年历史的地球相比，人类的历史是短暂的。从早期猿人算起，人类历史至今有300多万年，仅占地球历史的万分之六七。与具有300多万年的人类历史相比，城市的历史更为短暂。从新石器时代算起，城市历史至今只有6 000多年，仅相当于人类历史的千分之二。然而，当人类一旦走进城市，人类社会便进入了快速发展的进程。

如果将我们比作城市的儿子和女儿，那么，城市就是我们的母亲。她时刻在讲述着自己的故事，吟唱着一首首美丽而遥远的歌谣。那一处处历史名胜、一条条古老街巷，就像一部部史书、一卷卷档案，记录着一座座城市的沧桑岁月，默默地述说着曾经发生的故事，见证了城市的历史和今天。每个城市都有不同的故事，这些故事使城市变得鲜活，使城市生活更加引人入胜，使过往的宾客长久驻足，使城市焕发着永久的魅力和迷人的光彩。

如果将经济比作城市的血肉和躯体，那么，文化则是城市的灵魂。缺少文化的城市，是残缺的、畸形的、粗俗的。有灵魂的生命体才有活力，有文化的城市才具有生命力。城市的魅力和吸引力，主要来自于文化，文化决定城市发展的本质特征，是城市内在的美。

正因为城市有了文化，才能有源源不绝的活力，才能有鲜活生动的灵气，才能增强城市的综合竞争力，才能不断地提升城市的素质与品位。

然而，当今的时代，世界范围内迅速推进的城市化进程，引发的“城市文化危机”问题比任何时代都更加严重。我们的城市和各地的城市，已经变得越来越像“多胞胎”。不少城市规划设计手法抄袭趋同，追求大体量的建筑物、大规模的建筑群，导致我们的城市和各地的城市就像一个个“克隆”兄弟，致使一些独具特色的历史性城市和历史文化街区正在被杂乱无章的新建筑群所淹没。

人类可能需要一个拉斯维加斯！但是不能把每一座城市都变成拉斯维加斯！

传统的“滚雪球”式城市扩张模式和单一中心的规划布局，使建成区逐步扩展呈“摊大饼”趋势，造成历史性城市的中心区功能过分聚集，导致交通、环境和文化遗产保护状态愈发恶化。建筑设计缺少文化内涵,各种流派堆砌在一起,强调建筑个体的面孔与性格，追求形式上的独特和怪异，却很少考虑它与环境的文化关系，建筑的民族传统、地方特色不断失落。不合理利用造成文化遗产伤害，日益加剧的“商业化”“人工化”和“城镇化”，严重影响了文化遗产的原生环境。

女士们，先生们，朋友们！

我们所面临的“城市文化危机”这一挑战，不仅是发展中国家存在的问题，也是世界性的问题。每一个有责任的国家和居民，都应该对城市文化发展战略做出积极回应，探索实现城市文化的复兴之策。2007 年 6 月，来自世界 23 个国家和地区的 1 000 多位市长、规划师、建筑师、文化学者、历史学家以及其他各界关注城市文化的人士，应中国建设部、文化部和国家文物局的邀请，相聚在世界著名的文化古都北京，讨论了全球化时代的城市文化转型、当代城市文化建设、文化遗产保护等议题，并通过了《城市文化北京宣言》，共同宣示："新世纪的城市文化应该反映生态文明的特征；城市发展要充分反映普通市民的利益追求；文化建设是城市发展的重要内涵；城市规划和建设要强化城市的个性特色；城市文化建设担当着继承传统与开拓创新的重任。"这一宣言给关心城市文化的人们带来了许多启示。

20 世纪下半叶以来，中国的城市化进程明显加快。中国仅用 30 年的时间就完成了西方经历了三四百年时间才完成的现代城市格局。1980 年中国城镇人口为 1.34 亿，城市化率为 13.6%，2000 年突破 30%，2005 年超过 40%，预计到 2010 年，将达到 45%，2020 年将超过 60%。中国的城市化率平均每年以一个百分点以上的比率增长。中国的这种变化引起了世界的极大关注。增长一个百分点意味着什么？意味着 1 200 万人口将涌进城市！我在这里打个比方，这个数字相当于某个国家的人口总数。

中国的城市化在带来经济发展、文化繁荣和生活改善的同时，也给当代中国人带来巨大的挑战。一些城市发展正面临着传统消失、面貌趋同、形象低俗、环境恶化等问题，建设性破坏和破坏性建设的威胁依然存在，城市文化正处于转型过程之中。中国城市化的浪潮引发的问题与世界上其他国家一样，是经济社会发展内在规律作用的结果，它不可抗拒，也不能阻止，只能通过正确引导，去其弊，扬其长，才能保证城市化进程的健康发展。

女士们，先生们，朋友们！

文化遗产见证了城市的生命历程，是一个城市最为宝贵、最为独特的文化优势，是不可再生的文化财富，是迎接全球化挑战，解决城市文化危机的核心力量。借此机会，我愿向各位介绍中国文化遗产保护情况。

中国5 000年辉煌文明史，为我们留下了大量的文物古迹。目前，中国登记注册的不可移动文物40余万处，其中有各级文物保护单位7万处。拥有世界遗产35处，其中，文化与自然混合遗产4处，自然遗产6处，数量位居世界第三。公布了109座国家历史文化名城和157处国家历史文化名镇、名村。全国2 400多座博物馆中，收藏着2 000多万件珍贵文物。

近年来，通过中国文化遗产保护工作的各项实践，可以发现，文化遗产事业正在经历着历史性转型，呈现出若干新的发展趋势。文化遗产的保护领域不断扩大，并由此引发了保护要素、类型、空间、时间、性质、形态等各方面的深刻变革，为推动文化遗产保护和城市文化建设带来了新的机遇。

一是在文化遗产的保护要素方面，从重视单一要素的遗产保护，向同时重视由文化要素与自然要素相互作用而形成的“混合遗产”“文化景观”保护的方向发展。文化遗产的产生和发展与所处自然环境密不可分，名山大川更是人文胜景荟萃之处，形成文化与自然遗产相互交融的重要特性。

二是在文化遗产的保护类型方面，从重视“静态遗产”的保护，向同时重视“动态遗产”和“活态遗产”保护的方向发展。文化遗产并不意味着死气沉沉或者静止不变，许多文化遗产仍然在人们的生产生活中发挥着重要作用，不断地吸纳更多的新鲜元素，充满着生气与活力。

三是在文化遗产的保护空间尺度方面，从重视文化遗产

“点”“面”的保护，向同时重视“大型文化遗产”和“线性文化遗产”保护的方向发展。文化遗产保护的视野已经从单体文物或古建筑群、历史文化街区、村镇，扩大到空间范围更加广阔的“大遗址群”“文化线路”“运河遗产”“系列遗产”等。

四是在文化遗产保护的时间尺度方面，从重视“古代文物”“近代史迹”的保护，向同时重视“20世纪遗产”“当代遗产”的保护方向发展。当前，社会生活的各个方面都在发生急剧变化，原有生产生活方式及其实物遗存消失速度加快。如不及时加以抢救，可能在极短的时间内就会忘却昨天这段历史。

五是在文化遗产的保护性质方面，从重视重要史迹及代表性建筑的保护，向同时重视反映普通民众生活方式的“民间文化遗产”保护的方向发展。例如对“传统民居”“乡土建筑”“工业遗产”的保护。这些过去常常被认为是普通的、大众的而不被重视，但是它们是文化多样性的重要表现形式。

六是在文化遗产的保护形态方面，从重视“物质要素”的文化遗产保护，向同时重视由“物质要素”与“非物质要素”结合而形成的文化遗产保护的方向发展。物质文化遗产与非物质文化遗产的区分只是其文化的载体不同，而所反映的文化元素是不可分割的。因此，物质与非物质文化遗产必然相互融合，互为表里。

在世界遗产保护杭州论坛暨2008国际古迹遗址理事会亚太地区会议上的主题报告

（2008年6月11日）

一、文化景观遗产的提出与定义

（一）文化景观理念的早期认识

文化景观作为人类文明的产物，是一定历史时期经济、政治、文化和社会发展的结晶。由于地理条件、气候环境的不同，造就了东西方不同的文化景观理念。

在我国，地理环境与文化景观方面的研究具有悠久的历史。我国古代先民在选择自身定居点时，出于对生存环境和防御需求的考虑，往往对周边的山水地貌格外关注。古代不同类型的城市选址则考虑的因素各不相同，对环境的要求也各有所别。尽管如此，在处理人类与自然的关系方面，始终遵循一定的规则，体现一定的规律性，形成了我国特有的城市景观和山水文化，将自然环境的变化通过特定的城市景观表现出来。

国际社会上，“文化景观”一词自20世纪20年代已经开始应用，主要是指自然风光、田野、建筑、村落、厂矿、城市、交通工具和道路以及人物和服饰等所构成的文化现象的复合体。文化景观的形成是一个长期的过程，每一历史时代人类都按照其文化标准对自然环境施加影响，并把它们改变成文化景观。

（二）文化景观概念的深化研究

在西方文明中，长期以来强调以人为中心，强调人的内在价值，强调人的个性张扬，与东方文明将人类自身视为自然的组成部分的理念截然不同。19 世纪以前，无论是东方文明，还是西方文明以及由不同文明建立起来的城市和乡村，都是以农业文明为背景，人类尚无足够力量改变自然，自然界生态环境和山水格局，对城市的发展依然起着至关重要的作用。

工业革命以后，人们从城市环境的退化、社会资源的浪费、全球生态的恶化、城市风貌的丧失中认识到，人类面临的种种危机，本质上是文化危机，原有的东方文明中的人类与自然和谐相处的文化价值观和生活方式重新引发人们的思考，越来越多的人意识到自然环境与文化景观保护的重要性。

20 世纪 60 年代以后，与景观和环境相关的概念开始出现在有关国际文件中，引起国际社会的普遍关注。例如，1962 年 12 月联合国教科文组织第 12 届会议在巴黎通过的《关于保护景观和遗址的风貌与特性的建议》，1964 年 5 月通过的《威尼斯宪章》，1976 年 11 月联合国教科文组织第 17 届会议在内罗毕通过的《关于历史地区的保护及其当代作用的建议》以及 1977 年 12 月签署的《马丘比丘宪章》等。

3. 文化景观遗产的国际共识

1992 年 12 月，世界遗产委员会第 16 届会议在美国圣菲召开，决定将具有突出的普遍价值的文化景观纳入《世界遗产名录》。至此，世界遗产的体系中增加了“文化景观遗产”这一新的类型。文化景观遗产的确立使世界遗产更具平衡性和代表性。

文化景观遗产作为连接文化与自然的纽带，与以往单一要素的遗产相比，更加展现出人类长期生产、生活与自然之间所达到的和谐与平衡，强调人类与环境之间相互关照、共荣共存的可持续发展理念。同时，文化景观遗产突破了单体层面的遗产保护，迈向整体环境保护及非物质文化遗产保护层面的延续与发展。

二、文化景观遗产的理论探索

（一）“文化”“景观”与“环境”

文化（culture），是指人类社会实践过程中所创造的物质财富和精神财富的总和。文化是一定的历史阶段、一定的地域环境、一定的人类种群的生存状态、生活习惯、思维方式的反映。

景观（landscape），是指人类和自然与事物之间形成的所有可视现象，是人类所能看到的视觉环境，即在现实生活中不但包含狭义的“景”，还包含人们对景的“观”以及人们在“景”中实现“观”的体验过程。从广义上说，一切景观都与文化有关，“景观是指留下了人类文明足迹的地区”，因为实际上所有的景观都从某种程度上受到人的行为的影响。

环境(setting),是指涵盖遗产内部的与外部的、个体的与相互的、历史的与现在的、物质的与非物质的复合的客观存在以及多方面的相互关系。一处优秀的文化景观必然拥有良好的环境，而一处良好的环境却可能因为缺少文化内涵，而不能成为优秀的文化景观。

（二）“文化景观”的若干基本特征

文化景观体现文化与自然的共同创造。文化与自然密不可分，在经济、社会等因素的驱动下，相互影响，创造出两者延续性的关联状态，文化景观是这一状态的外在表征与载体，充分体现出一定时期内，在物质条件限制和自然环境提供的机会的影响下，在内部和外部连续的社会、经济和文化力量的作用下，人类社会及住区的演变过程以及作为景观的各种文化现象与成就。

文化景观体现物质与非物质的联合互动。文化景观构成类型复杂，不仅包括形象生动的物质实体，还往往包含着文化的起源、扩散和发展等方面的有力证据。文化景观通常具有一定的空间性、时代性和功能性，传统、艺术、宗教的积淀，赋予了文化景观丰富的文化内涵。因此，文化景观不但是人类文化经过时间和空间的积淀而形成的一种物质载体，也是能够集中反映民族特色、信仰传承、文化融合的非物质文化遗产的物质载体。

文化景观体现系统与整体的综合价值。文化景观反映不同区域独特的文化内涵，往往出于社会、文化、宗教上的要求，并受环境影响，与环境共同形成独特的系统。文化景观区别于其他文化遗产类别，能够充分代表和反映其所体现的文化区域所特有的文化要素的整体。

文化景观体现连续与互动的长期结合。文化景观是人们依靠所生存的自然环境，按照自己的需要，有意识地在自然景观之上创造出的文化形态。文化景观的价值在人类与自然的不断协调、呼应和互动中得到体现，成为不断变化的、始终鲜活的文化形态。

（三）“文化景观遗产”的研究与实践

自 1992 年起，世界遗产体系中增加了文化景观遗产以来，与其相关的讨论与研究一直持续不断，而且议题不但涉及文化景观遗产的界定方法、分类与价值体系、全球战略等理论层面的问题，并涉及文化景观遗产的申报程序、评估标准、保护利用管理等实务层面的问题。

随着人们对世界遗产认识的深化和对世界遗产类别的完善，1993 年 12 月，世界遗产委员会第 17 届会议正式通过了关于文化景观的行动计划，积极开展对文化景观遗产的主题研究，1993年曾被列为世界自然遗产的汤加里罗国家公园成为《世界遗产名录》中第一处文化景观遗产。

文化景观遗产与其他类型的文化遗产以及自然遗产相比较，最突出的特点是强调文化与自然的互动关系，人类与环境之间的相互影响，可持续土地利用的特殊方式以及整体保护的理念。

三、文化景观遗产的类别与特征

（一）自然环境背景下的城市类文化景观

城市类文化景观，是经过几个世纪，甚至更长的历史时期发展变迁逐步形成的景观；是具有明显地域特征，为广大民众所熟悉的景观；是反映自然和文化和谐关系，具有重要美学价值的景观。

在我国古代城市的形成和发展中，文化观念的影响极为广泛而显著，并成为其独具特色的基本因素，揭示出历史性城市的美学价值。千百年来人们在选择自然山水地貌进行城市规划建设时，就开始注意与自然的结合、协调，将人居环境建设合理地组织到自然环境中去，为城市未来的发展奠定了良好的物质基础。

（二）融入自然环境中的乡村类文化景观

乡村类文化景观，包含了人类与自然环境之间交互作用的多种表现形式，通常反映出可持续土地利用的先进理念和技术，同时考虑到建立这些文化景观所处的自然环境的特点和限制。

保护乡村类文化景观对促进现代可持续的土地利用方式和技术具有重要借鉴意义，能够维护或增强文化景观中自然环境方面的价值。持续存在的传统的土地利用方式保证了世界许多地区的生物多样性和文化多样性，因此对文化景观遗产的保护也是对保持生物多样性和文化多样性的贡献。

（三）文化与自然共生的山水类文化景观

山水类文化景观，一直处于国家、城市人们审美体验和审美活动的中心位置，不间断地影响着人们的生活、思考和艺术创作。它们不是单体自然元素的简单叠加，而是通过人们的审美活动，巧妙地将各类要素组合起来，构建起一个完整的、独特的视觉审美体系。

山水类文化景观中城市、乡村与山水地貌之间的关系是人类与自然双向适应的结果，在人类与自然的交融中，自始至终贯穿着人类看待自然的观念和对应策略的变化，反映出自然和文化的演进过程。

（四）处于大自然怀抱的宗教类文化景观

宗教类文化景观，是指由于宗教的地理分布、发源地、传布路线，宗教与地理环境的关系，形成宗教对文化景观影响的区域。宗教类文化景观，体现在经过较长历史时期的积累，演变成一定地区内诸多宗教场所的共同存在，并使其宗教传统、观念渗透到世俗生活，在一定地区形成的强烈的宗教文化氛围。

宗教类文化景观作为自然与文化高度复合的产物，始终保持着历史的连贯性。其中的自然美，折射出传统的哲学、美学、人文、建筑等诸多文化理念；其中的人文美，则渗透着许多自然的、物候的意象。

（五）延续文化与生活的民俗类文化景观

民俗类文化景观，是指在一定空间范围内，在民俗的起源、形成、传布和融汇的过程中，形成的区域特征和文化景观。其中包括居住、迁徙、服饰、饮食、岁时等社会传统习俗以及农业、贸易、手工业、工艺等物质生产方式，依靠习惯势力、传袭力量和心理信仰约束，形成物质文化和精神文化的表现。

民俗类文化景观遗产，紧密联系了物质与非物质遗产的构成要素，其价值不仅体现在有形的文化遗迹上，而且体现在无形的社会观念中，对城市的建造、民众的行为起着潜移默化的影响。

（六）体现文化生态演进的遗址类文化景观

遗址类文化景观，是从历史、审美、人种学或人类学角度，具有突出的普遍价值的人类工程或自然与人类联合工程所展示的考古文化区域。这些遗址是不可再生的极为珍贵的历史、科学、艺术资源，是承载人类文明的主体，是延续古代文明的有力物证。

我国古代城市的发展，地域时空跨度之大，历史延续时间之长，为世界城市发展史中所罕见，成为一个连续变化又独具特色的完整系统。相关文化景观的形成、延续与发展，涉及多方面的因素，社会、经济、政治、文化、技术、历史传统、地理环境等，都从不同侧面和不同程度上反映到文化景观的形态上。

四、当前文化景观遗产面临的挑战

（一）来自保护理念方面的差距

当前在我国城市建设中，缺乏把文化与自然结合起来进行统筹规划的思路，造成不少城市循序渐进、自然生长的传统文化空间急速减少，新旧区域空间形态的矛盾不断加剧，城市文化特色迅速消亡；不少城市对传统中轴线、天际轮廓线进行不恰当的改造，使得城市文化特色日渐模糊，历史文脉延续的轨迹难以寻觅，失去文化景观的原有魅力；不少城市历史街巷肌理遭到破坏，文化街区和特色建筑被大量拆除，文化景观的重要物质载体不断消失。

（二）来自社会变迁方面的压力

近代以来，城市化进程加快，城市出现前所未有的爆炸式发展。城市原有的与自然和谐相处的文化景观，由于无法接纳和承受强加于自身的发展压力而变得支离破碎。科学进步与技术支持带来了生产力的逐步提高，根本性地改变了粗放式的农耕传统，改变了大地农田景观，推动了民族地区工业化和商品化的进程，改变了人们的意识形态，同时，也改变了村寨的自然景观和生态环境。

随着我国城市化进程的进一步加快，乡村景观发生更大变化，一些新景观要素伴随着旧景观要素的消失而出现，新景观格局取代旧景观格局，文化景观功能也随之发生变化。

（三）来自天灾人祸方面的威胁

人类总是面临着如地震、火山或洪水等自然灾害。文化景观遗产也面临着一些突发自然灾害和战争等人为因素的破坏。

如果说自然灾害尚属于极端的实例，那么一些历史性城市忽视传统城市格局和历史风貌特色，在世界文化遗产的保护区、缓冲区以及不恰当的地段，建造大体量建筑物或高层建筑群，导致文化景观严重破坏的实例更应发人深省。例如科隆大教堂因缓冲区以外的高层建筑严重影响了大教堂的景观，于2005年被列入《濒危世界遗产名录》。

五、保护文化景观遗产的若干措施

（一）确立正确的保护理念

文化景观遗产的价值评估是实施保护的前提。当前，亟须从历史、科学、文化和艺术等不同角度，建立起文化景观遗产价值评估的理论框架，高屋建瓴地进行分析，以宏阔的文化视野，解析不同文化景观遗产的历史意蕴和文化价值以及它们在人类发展的时空中和历史文化的长河中存在的必然性和对后世所具有的深远影响。

文化景观遗产的概念代表了文化景观及其环境的所有物质要素与非物质要素。对于文化景观遗产价值评估，必须充分体现文化景观的性质和特征。

（二）完善科学的保护法规

国际社会关于文化景观遗产的保护形成比较完备的法规体系。日本于1966年颁布了《关于在古都保存历史风貌特别措施法》。法国1943年2月通过的《纪念物周边环境法》，1962年颁布的《保护地区法》（《马尔罗法》），1983年和1993年分别颁布了《建筑和城市遗产保护法》与《风景法》。文化遗产及周围环境共同构成的文化景观，已经不容置疑地成为法国人生活环境的重要组成部分。

在我国，以北京、杭州为代表的一些城市不断加强城市类文化景观的保护力度。近年来，北京市将皇城作为整体加以保护，并于2002年4月开始编制《北京皇城保护规划》。2002年10月，北京市政府颁布实施《北京市历史文化名城保护规划》，将世界文化遗产颐和园及其周边背景环境，列入清代“三山五园”保护区域的重要组成部分。2007年，《北京市限建区规划（2006年—2020年）》编制完成，该规划将北京土地划分为三大类：禁建区、限建区和适建区，实现了对文化景观遗产实施分区保护。

杭州市先后颁布实施了《杭州市西湖龙井茶基地保护条例》（2001年）、《杭州市历史文化名城保护规划》（2003年市政府通过）、《西湖风景名胜区总体规划》（2005年国务院批准），加强对西湖文化景观遗产的保护。

虽然保护城市文化景观的理念，已经为专业人士和广大民众所接受和理解，但是迄今为止，我国仍然没有适用于指导城市文化景观保护的标准规范和实施准则。

（三）制定有效的保护规划

历史性城市是在一定的自然环境条件基础上，通过人类文明与自然造化之间长期的相互作用，而缓慢形成的文化结晶。尊重文化景观遗产延续的客观规律，认识原有城市文化及空间特色的价值，并在充分论证的基础之上，留存一定数量和规模的文化景观遗产作为城市发展的历史基因，引导城市空间健康有序地协调发展，已经成为当代城市规划师和城市管理者不可推脱的共同历史责任。

文化景观遗产保护规划不仅是现代城市规划理论与技能所面临的重要挑战，也是世界文化遗产保护领域的新课题。制定科学的文化景观遗产保护规划，需要对文化景观区域以及相邻地区的地质、地理、水文、植被、历史、人文等，开展深入的综合性科学考察，摸清历史上以及几十年来地理环境的演变趋势，为真正科学地制定永续保护文化景观遗产的规划提供第一手资料和依据。

（四）实施有力的保护措施

文化景观这一概念可以被视为一种保护与管理历史性城市、历史文化村镇及其环境的有用的方式方法。对城市文化景观实施的干预应当建立在对文化景观价值和背景环境进行全面而详细分析的基础上，根据城市文化特色和集体记忆理解城市原有文化景观结构的合理性，对历史性城市或城市历史中心开展详细的调查，对重要的建设项目进行严格的审核。

杭州因西湖而千姿百态、底蕴丰厚。西湖是一处“活态的文化景观遗产”，一方面深受中国历史、传统文化和社会生活的影响，另一方面也对当地乃至中国的文化、经济、社会产生极为深远的影响，形成杭州文化城市人文画卷的亮丽底色。近年来，杭州市为保护西湖文化景观，对“三面云山一面城”的历史格局采取了严格的控制措施，对水质保护、水域恢复、茶园保护、遗产展示等都做出了卓有成效的努力，并已取得了显著的成果。杭州开展的新西湖景观评选活动，既是对活态传统的延承，也是对文化景观遗产价值的继续诠释，体现出广大民众参与西湖保护和文化传承的自觉。杭州市民的这种文化自觉，更为文化城市的发展增添了巨大的原动力。

今年中国文化遗产日的主题：文化遗产人人保护，保护成果人人分享。

我们相信，在文化城市中，人们履行保护的职责，也分享保护的快乐，并形成文化与城市的水乳交融，弘扬文化城市的迷人魅力。

在全国政协海南国际旅游岛调研考察团沟通会上的发言

（2008年9月27日）

自从接到参加全国政协专题调研考察团来海南考察国际旅游岛建设的任务后，我和我的同事就在思考和讨论三个问题：一是海南建设国际旅游岛的基础条件是什么，二是如何突出海南国际旅游岛的文化特色，三是文物部门在海南建设国际旅游岛的过程中能发挥什么样的作用。

关于海南建设国际旅游岛的基础条件是什么的这个问题，通过这次考察，特别是阅读了海南省《关于加快推进国际旅游岛建设的意见》之后，有了比较清楚的认识。认识到海南除了具有世界上独特的旅游资源环境条件之外，国家关于建设海南国际旅游岛的重要决策是我们开展工作的方针和基础。海南省立足省情全面落实科学发展观，着眼于海南未来发展，做出了建设国际旅游岛的战略决策，符合海南的发展实际需要，代表了海南840万人民的根本利益。这几天，我们切身体会到了海南省对建设国际旅游岛的决心，体会到了海南广大民众对建设国际旅游岛的企盼。通过参加考察，也更加深刻认识到此次全国政协专题调研考察团，对于促进海南国际旅游岛建设意义重大。

推动国际旅游岛建设的一个关键问题是突出文化建设，展示文化特色。文化是旅游的灵魂，没有文化的旅游根基是肤浅的，没有文化的旅游必将失去市场的竞争力和吸引力,难以得到可持续发展。听说在前两天的座谈中，海口旅游集团的老总把文化实力的提升作为建设海南国际旅游岛的最基本的问题，我非常赞成这一观点。我认为，强调国际旅游岛建设的文化特色，起码应当包括三个方面：一是充分发掘海南深厚的文化底蕴，二是形成国际旅游岛的文化品牌，三是促进社会民众文明程度的提高，营造浓厚的文化氛围。

三亚落笔洞的考古发现证明海南岛一万年前就有古人类活动，在漫长的历史长河中，海南岛各族民众在生产生活实践中创造了独特的文化形态。因此，海南具有丰厚的文化遗产资源，目前全省有各级文物保护单位300余处，有沟通东西方经济和文化交流的“海上丝绸之路”的南海线路，从琼州海峡到西沙、南沙的航线上，遗留下极其丰富的沉船等水下文化遗产；有反映琼崖人民斗争精神的红色文化资源；有承载着贬官文化的文物古迹；还有全国独具特色的黎、苗等少数民族文化等。这些资源都是内地省份所无可比拟的。充分发掘这些文化资源的深厚底蕴，完全可以形成享誉世界的文化品牌。

近年来，国际社会关于文化遗产保护的理念发生了很大变化，更加注重乡土建筑遗产、文化线路遗产、文化景观遗产、20世纪遗产和民族民间遗产等新型文化遗产的保护。而这些文化遗产类型在海南都有丰富的遗存。例如今天上午，我们考察了位于海口的石山火山群国家地质公园,在考察时发现有关火山文化村落的介绍图片，经过申请，中午我们就对石山镇的美设村、荣堂村、儒豪村等三个古村落进行了考察，获得重要发现。这些村落始建于明代，进入村庄犹如进入石头的世界，石屋、石墙、石门、石板路，无论是主屋，还是厨房等附属建筑，全部由火山喷发的气孔状玄武岩建筑组成，一些建筑已经使用了七八代人，村内随处可见石磨、石凳等生产和生活用具。这些村落在全国历史文化村落中独具特色，无论在真实性，还是在完整性方面，都具有突出的普遍价值，也是重要的文化旅游资源，应及早列入文物保护单位，并申报国家历史文化村镇。总之，要按照新的文化遗产保护理念，对海南文化遗产资源进行全面评估，在支撑国际旅游岛建设的过程中，实现积极保护和整体创造。

要充分利用现有文化设施，并开拓新的领域促进国际旅游岛的建设。例如依托已经颇有影响的博鳌亚洲论坛建设主题展览园区，通过全国文物精品巡展的方式，集中展示中华文明五千年的灿烂文明和发明创造，提升博鳌论坛的文化品位。例如深入研究、发掘黎族文化，建设反映黎族文化的生态博物馆。例如利用海南独具特色的自然资源，建设反映海南亚热带风情的自然博物馆和自然展示园区。

博鳌国际旅游论坛文化体育与旅游主题论坛

我认为在海南国际旅游岛建设方案中应有一个文化建设的方案。这个方案要对海南文化的基础建设、文化遗产的保护和利用、文化人才培养与引进、文化产业以及特色文化发展等做出规划，并分期实施。

关于文物部门在海南建设国际旅游岛的过程中能发挥什么样的作用的问题，作为国家文物部门，同海南人民一起，共同为国际旅游岛建设而努力是我们义不容辞的责任。我们将会同海南省文物部门，在海南省政府的统一组织协调下，共同做好海南国际旅游岛建设中的文物保护和合理利用工作。

（1）目前，国务院部署的第三次全国文物普查工作正处于关键阶段，建议海南以此为契机，全面掌握海南的文化遗产家底，大力发掘研究海南的文化底蕴，规划文化遗产在国际旅游岛建设中的作用。国家文物局将协助海南省组织专家加强海南全国重点文物保护单位保护规划和维修方案的编制工作，加大保护修缮资金的投入力度。

（2）加强博物馆建设是海南国际旅游岛的重要内容之一。建议以海南省博物馆和前面提到的博鳌论坛展示园区、自然博物馆、民族生态博物馆等，构成国际旅游岛的博物馆文化品牌。国家文物局将在展览组织、展品征集等方面加以支持，使反映中华民族五千年灿烂文明和发明创造的文物精品亮相国际旅游岛。同时可以组织内地能反映海南历史文化的文物集中在海南展示，以提升海南的文化品位。我们同意将国家文物局从海外回购的“越王亓北古剑”移交给即将开馆的海南省博物馆保存展示。

（3）加大南海水下考古的工作力度。海南是海洋大省，水下文物是海南省最具特色的文物资源，200 万平方公里的南海水域内，水下文物资源十分丰富。国家对南海水下文物的保护已有规划。近年来，组织对南海水下文物资源进行了多次调查，已发现西沙海域沉船遗址50多处。2007年组织水下考古研究单位，对西沙“华光礁Ⅰ号”南宋沉船遗址进行了第一阶段抢救性发掘,出水文物近万件。在已有考古工作的基础上,组建南海水下考古研究中心,调查、发现、发掘沉船遗址，建设南海博物馆或沉船遗址博物馆。

（4）加强海南文物保护部门建设。近年来，国家发展改革委、财政部设立的文化遗产保护专项经费逐年增加，已从几年前的几个亿，增加到目前的几十个亿。建议海南省抓住机遇，设立文物行政管理部门，加快保护规划和设计方案编制速度，加强专项经费吸纳能力，使更多的文化遗产保护项目得以实现。

在东亚地区木结构古建筑彩画保护国际研讨会上的报告

（2008 年 10 月 30 日）

东亚地区木结构彩画保护国际研讨会

今天，由中国国家文物局、联合国教科文组织世界遗产中心（WHC）、国际文化财产保护与修复研究中心（ICCROM）国际古迹遗址理事会（ICOMOS）和国际古迹遗址理事会中国委员会（ICOMOS China）联合举办的“东亚地区木结构古建筑彩画保护国际研讨会”隆重开幕。

继去年 5 月在北京举行的“东亚地区文物建筑保护理念与实践

国际研讨会”之后，我们再次相聚金秋的北京，以“东亚地区木结构古建筑彩画保护”为专题展开学术研讨。

据我所知，在以往对文化遗产保护制定的保护文件，诸如《威尼斯宪章》（1964年）、《古迹、建筑群及遗址保护中的教育培训准则》（1993年）、《奈良真实性文件》（1994年）、《保护非物质文化遗产公约》（2003年）、《壁画保存、保护与修复准则》（2003年）、《古迹、建筑群及遗址记录工作原则》（1996年）、《实施世界遗产公约操作指南》（2005年）、《诠释与展示文化遗产宪章》（2007年）等国际上通用的文化遗产保护文件为代表以及《中国文物古迹保护准则》（2000年）、《关于中国文物古迹保护准则若干重要问题的阐述》（2000年）和《北京文件——关于东亚地区文物建筑保护与修复》（2007年）等文件中，皆有涉及古建筑彩画保护的相关内容与陈述。本次学术研讨的宗旨即是结合木结构古建筑彩画保护的特殊性，就东亚地区木结构建筑彩画保护的理论和实践，在国际文化遗产保护原则的框架内，广泛探讨其保护理念及技术方法的适用性。

对此，我只想较为简略地谈一谈自己对于中国木结构古建筑彩画及其保护实践的一些看法，权且算是抛砖引玉，希望借此机会听到各国专家及同行们的建议、良策与指教。

首先，想谈谈中国木结构古建筑彩画的历史渊源与价值。我们今天所讨论的“彩画”，是特指东亚地区木结构古建筑构件表面特殊的一种艺术装饰方式，并兼及与之相关的文化传统、象征意象、工程做法、材料工艺等方面的综合集成。作为记录东亚地区古代建筑装饰艺术、工程做法、材料工艺等的重要文化遗产，该地区的古代建筑彩画遗存不仅是古代哲匠高超艺术品第和技术水准的真实体现，更是不同时空背景下文化传统、风俗观念、艺术特色的历史见证，进而深刻展示出东亚地区古代建筑文化多样性的历史渊源与文化内涵。

作为东亚地区古代建筑文化的主要源流，中国建筑彩画的历史甚至可以上溯到新石器时代晚期。至秦汉时期，在其考古遗存中可以发现建筑彩画业已较为完整的雏形，当时某些具有装饰作用的金属构件被用于加固木质构件的连接，而当这些金属构件的作用被取代之后，它的形象却被保留在木材表面并改变为一种特殊装饰题材的彩绘。

中国木结构古建筑彩画的产生、发展及演进脉络是与木结构建筑本体的保护紧密相关的。诚如著名建筑史学家梁思成先生所言："这些彩色（建筑彩画）并不是无用的脂粉，确是木造建筑物结构上必需的保护部分。"这句话非常明确地指出了木结构古建筑彩画的基本功能：首先是实用性的"建筑材料的保护层"；在此基础上，建筑彩画又兼具其在美学层面的特殊内涵，将建筑装饰、建筑等级、建筑类型等因素综合一体，并得益于中国古代博大精深的历史传统、人文情怀、风俗观念的滋养，从而创造出世界建筑史上可谓独树一帜的形制风格及工艺特色。或可大致将其归纳为几点，略作阐述如下。

其一，就中国木结构古建筑彩画的制作工艺而言，它须经过对木材表面的特殊处理。以现存数量众多的明清官式建筑为例，对于其重要的大型木构件，需要制作地仗，地仗可以是灰泥，也可用纤维（麻布等）包裹缠绕，在其上描绘谱子（往往是程式化的图案），再以谱子为底稿，经过沥粉、涂色、贴金等近四十道工序而最终完成；而整套工序均由经过训练有素的彩画匠师完成，偶尔也有画匠的即兴发挥之作。彩画涂色工序之前的工作，早期实例较为简单，甚至也有直接在木材表面彩绘，或对表面进行了简单的灰层找平后再行彩绘的,但后期实例则趋之烦琐,地仗及其表面彩绘成为单独构造层。

其二，就建筑彩画的应用范围而言，由于彩画具有体现建筑规制等级的象征意义，因此大多在官式建筑如宫殿、寺庙、衙署、陵墓等建筑类型中使用，一般民居、馆舍、市肆等则只许单色刷饰，不得施以彩画。虽然后期实例园林建筑中大量绘制彩画作为装饰（例如题材广泛、色彩丰富的苏式彩画），但是官式彩画制度则是以一脉相承的和玺彩画与旋子彩画系列作为正宗。中国幅员辽阔，不同地域、不同民族建筑彩画的工艺及其应用不尽相同，但是大都遵从相近的艺术理念，装饰风格也大致相同。

其三，就建筑彩画的历史沿革而言，我们今天所能见到的中国木结构古建筑彩画遗存，大多是在继承宋、元、明官式彩画制度的基础上有所变化、发展的清代官式彩画制度、样式及其制作工艺。其样式与技艺主要分布区域适用于中国北方的官式木结构古建筑。作为中国古代官式建筑彩画与地方性建筑彩画之集大成者，清代官式建筑彩画是其自身即是价值很高的艺术作品，又以其组群性的整体效果集中体现了中国独特的对于建筑色彩的美学追求。

中国木结构古建筑彩画所具有的装饰建筑、保护木材、展示建筑物等级和功能以及美化建筑环境等功能，在中国木结构建筑体系成熟期的唐代，建筑彩画即已作为建筑等级制度的基本内容，并在艺术形式及适用范围方面做出了严格的规定。由此，建筑彩画有了明确的官式与民间样式的区别。但是，唐代官式建筑彩画的具体内容并没有明确的历史记载。至北宋崇宁二年（1103 年），李诫编纂《营造法式》中“彩画作制度”“彩画作功限”“彩画作料例”及“彩画作制度图样”等篇幅，可以视为 12 世纪初中国建筑彩画的装饰形式、制作工艺以及工料使用情况的完整记录，是中国最早涉及“建筑彩画”内容的古代建筑专著。时至今日，中国建筑彩画体系的日臻完善，即使以公元1103年《营造法式》颁行之年计，也堪称为一项传承九百余年且尚未失传、弥足珍贵的建筑技艺。

若将宋《营造法式》与清《工部工程做法则例》中相关彩画的内容进行比较，不难看出：自北宋至清末民初，中国古代建筑彩画体系中历代钦定的官式彩画样式，虽有其较为明显的时代变迁痕迹，但是其中秉承“世守之功、薪火相传”的技艺承袭脉络，却是十分清晰的，这也正是中国古代建筑彩画技艺得以流传至今的根本之所在。

掌握中国木结构古建筑彩画技艺的匠师大多具有较高的传统文化艺术修养和彩画专业技能，及至其工艺流程、颜料成分及配制方法、地仗材料、制作工具等方面，均有较为完整的专业技术要求。

作为极其重要的非物质文化遗产，中国古代建筑彩画的创作手法和制作工艺，在很大程度上是由彩画匠师依靠技艺口诀、匠作籍本和口传身授的形式保留至今的。

可以想见，如果我们将历史文献、彩画遗存与工匠传承等综合一体地开展深入研究，则可追索出北宋至清末民初的建筑彩画发展脉络，而由此所触及中国古代营造技术与工艺及技术史、社会史、经济史、建筑史、考古学、民俗学等多项内容，则更为研究中国文化史不可多得的珍贵史料。

下面，我想谈一谈长期以来中国木结构古建筑彩画的保护与实践。上溯至20世纪初叶，以中国营造学社与旧都文物整理委员会等为代表的民间及官方学术机构，运用“以匠为师、沟通儒匠”的研究方法及工程实践，在当时的古建筑保护工程中针对彩画保护进行了多方面、多层次的研究与探索。

中华人民共和国成立伊始，百废待兴，国民经济尚处于恢复时期，国家还是对文物保护事业给予了积极的支持和关注。由于多年战乱与社会动荡造成的古建筑遗存年久失修、残损严重的状况，给了中国文物保护工作者历史性的机遇，人们以一种建设新国家的气概投入文物保护事业之中，在国家财政经济状况十分困难的情况下，对多处重要的古代建筑遗存进行了修缮与保护，这其中就包括北京故宫和其他重要的木结构古建筑。

20 世纪 50—60 年代，随着国家大规模经济建设全面展开，国家经济状况逐步恢复，文物保护事业也随之成长发展起来；而此时相应的各级文物保护机构在全国范围内业已初步形成，古建筑的修缮保护伴随大规模的古建筑调查工作的开展而向全国扩展，国家的文物政策体系逐步完善，这些均为中华人民共和国的文物及古建筑保护事业奠定了良好的基础。在当时的古建筑修缮与保护工程中，建筑师和文物保护工作者热衷于研究建筑彩画的形式与制度，归纳并推测其时代特征，致力于复原一座完整的、理想形制状态的古建筑遗存，而基本普遍认同的重新彩绘的古建筑彩画研究及其保护方法，则是中国古建筑修缮传统技艺和建筑历史研究思维定式相互结合的产物。

值得一提的是，在中国古建筑彩画研究及范本的制作过程中，1955 年 3 月北京文物整理委员会主编的《中国建筑彩画图案 · 清代彩画》由人民美术出版社出版和 1958 年 6 月《中国建筑彩画图案 · 明代彩画》由中国古典艺术出版社出版，成为中国古代建筑彩画研究重要的奠基性著作。此外，1955 年夏，北京文物整理委员会工程组对辽宁义县奉国寺大雄殿进行测绘的同时，彩画室古建筑彩画匠师对奉国寺大雄殿的辽代彩画进行了临摹和研究，成为对中国古代建筑彩画的早期作品进行临摹和研究的开端。

此后，随着中国文物保护历史进程的逐步深入与发展，自20世纪90年代初至今，中国古代建筑彩画的保护理念及技术方法已经拥有了在相对充足的时间和资金条件下进行从容思考的过程。

例如，辽宁沈阳故宫古建筑彩画保护，即是在原状保护原则的指导下，利用目前成熟的技术条件进行物理清洗，从而达到既有“中国创新”概念，又达到了原状保存的目的。

毋庸讳言，当然也有初期进行古建筑彩画保护技术实验而出现问题的个案。例如，福建省的一处木结构古建筑彩画使用化学保护方法，结果造成色调损失的后果。针对某些出现问题的彩画保护，也进行了及时纠正。例如，云南昆明真庆观，由于当初认识不到位，对其原有彩画进行了不恰当的重描，后又将重描部位去除后，进行了原状修复。

针对中国木结构建筑的内外檐彩画有别的具体情况，在保护过程中也进行了区别对待。对于保存较好的内檐彩画，大多采用原状保存，而对残损较重的外檐彩画，大多进行了重绘、重描。

例如，陕西西安的明代城墙保留着明代初创时期的多座砖木结构古建筑，且保留了较多的内外檐彩画。从勘测情况来看，大部分内檐彩画保存有创建初期的原物，而外檐彩画则是经过历代多次重新油饰彩画，甚至有的外檐彩画则是20世纪50—60年代所绘。由于风化及各种原因，近年以来，针对上述彩画遗存产生的诸多病害，进行了“内外有别”的保护措施。在这方面，中国文化遗产研究院（Chinese Academy of Cultural Heritage，CACH）已经掌握了相关的原状保护技术，经过清洗、加固、封护的建筑彩画，既排除了病害，又在某种程度上修复了木结构古建筑的外观。同时，由于保持了原有彩画遗存，其古建筑保护的真实性和完整性也得到了保证。

近年来，随着文物保护理念的不断成熟，中国木结构古建筑彩画保护与实践中体现特色和多样性的手段也越来越多，特别是中国颁行了参照中国国情、以国际文化遗产保护宪章为基础的《中国文物古迹保护准则》以来，中国文物保护工作者有了自己可以遵循的行规法则，令古代建筑彩画的保护工作受益匪浅。在上述基础上，中国进行了多项古代建筑彩画保护研究及工程实践。

例如，福建漳州文庙大殿彩画保护、重庆湖广会馆木雕金饰保护、蒙古国博格达汗宫博物馆门前区古建筑油饰彩画保护修复，都取得较好的效果。与此同时，我们还进行了一些有益的研究与探索。例如，北京故宫某些重点部位建筑彩画的重绘，某些部位的原状保护试验等；也有像浙江杭州胡雪岩故居那样，完全用了一种再现当时历史建筑氛围的重绘与新绘的做法；美国盖蒂保护研究所与中国文化遗产研究院合作在河北承德殊像寺所进行的古建筑彩画保护的综合研究，成为推广《中国文物古迹保护准则》的重要组成部分之一，示范如何在《中国文物古迹保护准则》的指导下，处理中国古建筑彩画的保护与管理问题，并建立决策过程的系统性框架。

综上所述，可以看出，中国木结构古建筑彩画的保护过程，是一个不断探索、积累、调整、改良与进步的过程，应该说，从文化遗产的独特性和多样性出发，很难找出一种放之四海而皆准的制度及规则，任何古代建筑的彩画保护都应该根据其固有的特点、价值以及独特的环境和历史制定相应的保护措施。

我们认为，能将那些具有较高价值的古代建筑彩画原状保存下来，是文化遗产保护的最高追求，因为任何原始的彩画都代表了当时的建筑艺术、绘画传统和工艺特征，它携带着珍贵的历史信息。因此，当彩画具有原始状态，且能起到保护和装饰木结构古建筑时，我们的原状保护完全符合《威尼斯宪章》保存遗产真实性和完整性的要求。

从另外一个角度出发，多年以来中国运用传统做法对已经完全损坏的木结构古建筑彩画进行重绘的做法，也确实具有一定的现实意义。经过认真细致的调查记录、研究论证而复原的建筑彩画，既起到了中国木结构古建筑装饰的作用，也对木结构起到了保护作用，而其间继承建筑彩画制作技艺与绘制过程，是“世界建筑之树”孕育出的一朵奇葩，更是对珍贵的非物质文化遗产的传承与延续。也正是通过我们多年来的不懈努力，中国的木结构古建筑彩画保护及其技艺的传承、延续得以发扬光大。

诚然，我们也应该清醒地认识到，并不是所有中国木结构古建筑彩画保护实践中的重绘都是严格按照原设计、原材料、原工艺的精神去做的。由于工匠经验、经费以及各种客观条件的限制，也有一些粗制滥造彩画出现，使用非传统的材料，运用现代绘画手法等现象都时有发生，这些都是对文化遗产保护真实性原则的践踏，某些价值很高的木结构古代建筑遗存，正是因为彩画保护的失败而丧失了其部分重要价值。

以中国已经进行的古建筑彩画保护实践中的重绘保护为例，经验与教训并存，任何实践都是双刃剑，各有其优劣。

其一，原状保存保留了历史信息的完整性，但是由于彩画本身易损的特性，从某种角度上难以发挥彩画原有的功能，损坏的彩画不利于保护木结构构件，图案不清晰及色彩褪变降低了彩画为建筑外观赋予的等级、形式、建筑艺术等特征。

其二，严格意义上的重绘再现了人们主观上认定的木结构建筑的应有风貌，古建筑恢复了自信，保护条件得到改善，但是人们已经不能从绘画的表面追溯那些历史的信息，木结构古建筑古老的生命被包裹在新的面具下面，这似乎又与文化遗产保护的初衷是相背离的。

其三，有一些较为折中的做法，如新旧共存。在某些做法中，将尚能保存的彩画作为标本原状保存，而对残破不堪的部分按照标本的形制色彩进行重绘，这样新旧对照，相得益彰，新绘的彩画重现了木结构建筑原有的本色,残存的标本则佐证着建筑的悠久岁月。

其四,还有对保存状态尚好,色、画均有章可循的彩画进行补色、修复的做法，这种做法对于修复画面的整体艺术效果，延长其使用寿命都有一定益处。当然，这种做法需要修复者具有艺术家的眼光和手笔，并将古建筑彩画不再当作匠人粉饰，而是作为历史遗留下来的艺术品对待。

由于古建筑彩画保护及其他类别遗产保护的需要，用于保护文化遗产的科学技术应运而生，运用检测分析技术，利用各种先进科学仪器分析彩色的材料成分、胶结构成分，检测它们的年代，分析材料风化、褪色、胶结构老化的过程及机理。通过实验，选择适用于中国木结构古建筑彩画清洗、显色、加固、封护的材料和工艺，目前中国有数十处科研院所和大专院校在从事这方面的研究工作，并已经取得了显著的成果。

例如，中国援助蒙古国博格达汗宫门前区古建筑维修工程，除了按国际标准对木结构建筑保护以外，还对梁架、斗拱彩画、门窗绘画等均进行了一系列科学的保护。现场运用先进的仪器设备进行检测，并对样品进行了实验室分析。在进行了深入的艺术史研究和传统工艺研究的基础上，进行了彩画的除尘、清洗、补色、图案修复和画面封护等工作,对已经不存的油漆彩画进行了重新油漆彩绘，最终完成的效果得到了国内外专家的一致好评。

无论从反复调查记录古建筑彩画所包含的方方面面的信息，到对其进行细致入微的科学化研究，还是从不断培养深刻理解传统文化、掌握传统技艺彩画匠师的“薪火相传”，到保存传统彩画材料与工艺做法，都是中国木结构古建筑彩画保护与实践值得认真对待的重要工作。

各位代表，木结构古建筑彩画不仅存在于中国，也存在于东亚其他许多国家，这些国家也和我们面临着同样的问题，同样也进行着相关保护研究与探索工作。在我到过的一些国家，也有许多在古建筑彩画保护方面的成功范例。虽然西方文化遗产领域里没有完全类同于中国木结构建筑彩画这样的文化遗产，但是有其他类型的装饰与绘画，他们在各自的领域内也有着较为成熟的做法。这都值得我们互相借鉴、互相学习。

今天，大家济济一堂，研讨东亚地区木结构建筑彩画保护共同面临的问题，我对此感到非常欣慰。在座的各位专家学者对中国古代建筑乃至中国古建筑彩画都有很深的造诣和独特见地，希望通过这次大会，大家进行深入探讨，取长补短，建立进一步的联系，为今后的工作开创崭新的局面。

在英国伦敦大学的演讲

（2009 年 2 月 19 日）

城市，是一个古老而年轻的话题。与有 40 多亿年历史的地球相比，人类的历史是短暂的；与有 300 多万年的人类历史相比，城市的历史也相当短暂。从新石器时代算起，城市历史至今有 6 000 多年，仅相当于人类历史的千分之二。然而，当人类一旦走进城市，人类社会便进入快速发展的进程。

今日世界，是以城市为主导的世界。城市生活作为人类的一种生存方式和活动方式，已经逐渐取得统治地位。20 世纪初，全世界有 1.5 亿人口居住在城市地区，占世界人口不足 10%；而到 21 世纪初，城市人口占到世界人口的 50%。城市日益成为人类活动的中心，城市生活深刻地影响着人类的发展。

城市中一片片历史街区、一条条古老街巷、一座座传统建筑，就像一部部史书、一卷卷档案，记录着城市的沧桑岁月，见证着城市的历史和今天。每个城市都有只属于自己的故事，这些故事使城市形象更加鲜活，使城市生活更加引人入胜。因此，从某种意义上说，每座历史性城市本身都是一座独一无二的文化遗产。

城市不仅具有功能，而且还应拥有文化。文化是城市的灵魂。有灵魂的生命体才有活力，有文化的城市才具有生命力。文化决定城市发展的本质特征，是城市内在的美。因此，城市不仅要注重民众的物质生活，更要注重民众的全面发展，不断地提升城市的文明素质与文化品位，真正成为全体市民“精神的家园”。

然而，伴随城市化进程的迅速推进，“城市文化危机”比以往任何时候都更加严重。不少城市规划设计手法抄袭趋同，追求大体量的建筑物、大规模的建筑群，导致一座座城市就像“克隆”的兄弟，“千城一面”的现象日趋严重。在城市中，每一栋建筑都追求形式上的独特和怪异，却很少考虑它与城市环境的文化关系。

20 世纪下半叶以来，中国的城市化进程明显加快，仅 20 多年便从沿海向内地初步形成现代城市格局，城市化率也由 1980 年的 13.6% 达到 2007 年的超过 43%，预计 2010 年将达 47%，2020 年将接近 60%。平均每年以 1% 的比率增长。在中国，城市化年均增长率 1% 意味的是什么？即每年将有 1 200 万人涌进城市。

中国的城市化进程带来的经济发展、生活改善和社会稳定，同时也给当代城市文化带来巨大的挑战，建设性破坏和破坏性建设的威胁依然存在。中国城市化发展的浪潮，是人类社会发展内在规律作用的结果，它不可抗拒，也不能阻止，只能通过正确引导，去其弊，扬其长，才能保证城市化进程的健康发展。

我们面临的“城市文化危机”，不仅仅只在发展中国家，同时也是世界性的挑战。每座负责任的城市，都应该对城市文化发展战略做出积极回应，探索城市文化复兴之策。2003 年伦敦市长发表“城市文化战略”演讲，提出增强伦敦作为“世界卓越的、创意的文化中心”，成为“世界级的文化城市”的目标，令人印象深刻。

今天，我们没有必要担心列入文化遗产保护的数量太多，在这个每日每时都在变化的世界上，可供我们保护的文化遗产不是太多，而是太少。我们有理由紧急行动起来，争分夺秒地为当代，更为后代，把更多的文化遗产列入保护之列。在此，我向各位介绍3年多来中国文化遗产保护的进展。

2005年7月，在第29届世界遗产委员会会议上，一致通过中国“澳门历史城区”列入《世界遗产名录》。喜讯传来的翌日，澳门市民将贴有澳门历史城区纪念邮票的20万张明信片寄往世界各地。一向以博彩业闻名于世的澳门，如今骄傲地向世界递出一张文化城市名片。目前，中国世界遗产的总数为35项。

2005年10月，国际古迹遗址理事会第15届大会在中国西安成功召开。会议通过了“保护历史建筑、古遗址和历史地区环境”的《西安宣言》。这一国际性文件的重要性在于，在文化遗产保护的行业共识性宣言中提出“文化遗产是历史信息的载体，离开了背景环境，就将成为孤零零的标本”这样的观点。

2006年4月，“国际古迹遗址日”，来自全国各工业城市的代表会聚中国近代民族工业发祥地之一的无锡，共同探讨工业遗产保护的现状与对策。会议形成的行业共识性文件《无锡建议》向各界号召，工业遗产是整个人类文化遗产的重要组成部分，在城市化加速进程中应加以善待。

2006年5月，中国国务院核定公布的第6批全国重点文物保护单位共计1 080项，几乎等于过去公布的全国重点文物保护单位的总和，使中国国家一级的重点保护项目增至2 351项。此外，中国还有由省级政府公布的文物保护单位8 831项；由市、县级政府公布的文物保护单位58 371项。

2006年5月，中国国务院决定自2006年起，每年6月的第二个星期六为中国的“文化遗产日”。“文化遗产日”的设立，进一步将文化遗产事业变为亿万民众的共同事业，为保护文化遗产提供了更广泛、更强大的公众支持和更丰富的物质保障，使文化遗产真正为社会公众所共享，更加有力地推动了经济社会的和谐发展。

2006年9月，中国国务院通过了《长城保护条例》。国家专门就一项文化遗产立法，在中国历史尚属首次。同时，国家文物部门将长城作为一项完整的文化遗产保护项目，组织编制了《“长城保护工程”总体工作方案》，对长城资源调查、长城保护立法、长城保护规划编制和长城保护抢险修缮等做出系统的安排。

2007年4月，中国全面启动“第三次全国文物普查”，范围包括境内地上、地下、水下的不可移动文物，计划2011年12月结束。1981年曾开展第二次全国文物普查，共登记不可移动文物40余万处。此后，中国经历了发展与建设的特殊时期，再次开展全国文物普查，成为抢救文化遗产的重要行动。

2007年4月，“中国文化遗产保护无锡论坛·乡土建筑保护”会议在无锡召开，来自全国文化遗产保护领域和相关专业的全体代表共同签署了“关于保护乡土建筑的倡议”，决定广泛吸收社会各界人士加入到乡土建筑遗产的保护中来，搭建跨学科、多层次的保护研究平台，更加科学有效地保护乡土建筑遗产。

2007年5月，中国国家文物局与联合国教科文组织世界遗产中心、国际古迹遗址理事会（ICOMOS），在北京联合召开“东亚地区文物建筑保护理念与实践国际研讨会”并通过《北京文件——关于东亚地区文物建筑保护与修复》。近年，我们与相关国家组织密切合作，先后承办第28届世界遗产委员会大会、第15届国际古迹遗址理事会大会等，加强了文化遗产保护领域中的国际合作。

访问联合国教科文组织驻京代表处

2007年9月，中国文物展览“秦始皇：中国兵马俑”在英国伦敦大英博物馆开幕，17尊兵马俑和120件精美文物使展览引起轰动，几个月内，接待80万来自世界各地的观众。过去3年，中国共有200多项文物展览走向世界，成为促进不同国家、民族文化交流的桥梁，成为维护世界文化多样性的积极力量。

2007年10月，由联合国教科文组织世界遗产中心、国际古迹遗址理事会、中国国家文物局共同主办的丝绸之路联合申报世界遗产专业培训开学。近年来，世界遗产中心加快了中国和中亚五国丝绸之路联合申报世界遗产的进程，预计2009年完成申报世界遗产文本的报送，人们对这一世界最大规模的文化遗产申报成功抱以期待。

2007年12月，世界考古史上首次对满载瓷器的大型古代沉船实施的整体打捞，使深藏水下的“南海Ⅰ号”和周围泥沙一起在沉箱中安全出水，运进专门博物馆进行保护和考古发掘。中国拥有1.8万多公里的海岸线、12.3万公里的内河航道、2万多个天然湖泊，留存大量水下文化遗产，也将作为今后文化遗产保护的重点。

2008年3月，大运河保护与申报世界遗产工作会议在扬州召开。大运河沿线8个省、35个城市政府和有关部门的代表形成《扬州共识》，共同组建大运河保护与申报世界遗产联盟，有序推进相关工作，采取措施确保沿线城市和广大民众共享大运河保护成果，并力争在2012年之前，完成申报世界遗产文本的报送。

2008年4月，全国的博物馆实施全社会免费开放。吸引更多的公众走进博物馆，不仅是博物馆自身社会责任的体现，也是文化城市建设的诉求，更是保障民众文化权益的需要。这一号召得到博物馆界的积极响应，现有1 015家博物馆免费开放，2009年将达1 500余家，占全国博物馆总数的60%。

2008年4月，中国国务院审议通过《历史文化名城、名镇、名村保护条例》。《中华人民共和国文物保护法》1982年设立了历史文化名城制度，2002年又设立历史文化村镇制度。目前，中国国务院已先后核定公布了109座历史文化名城，建设部和国家文物局先后核定公布了251处历史文化名镇、名村。

2008年4月，西藏重点文物保护项目扎什伦布寺维修工程开工。今年，西藏地区的布达拉宫、罗布林卡、萨迦寺三大文物保护维修工程将顺利竣工，同时将启动西藏地区九大重点文物保护工程。目前，山海关长城保护工程已经竣工，故宫古建筑群、晋东南早期木结构古建筑群等文物修缮工程进展顺利。

2008年4月，在“中国文化遗产保护无锡论坛”上，专家学者和利益相关者一致通过《20世纪遗产保护无锡建议》，使20世纪遗产保护理念呈现于公众面前。20世纪遗产反映了百年变迁和多元化文化，具有丰富的内涵和强烈的感召力，在20世纪刚刚过去之时，就应从文化传承的高度看待这一百年中的文化遗产。

2008年4月，依据国际公约，156件被盗窃、盗掘并走私出境，流失丹麦的中国文物，在丹麦政府的支持下成功追索回归中国。3年来，中国与意大利、印度、智利、希腊、菲律宾等国政府签署了《关于防止盗窃、盗掘和非法进出境文物的协定》，最近又与美国政府达成共识。目前，期待早日与英国政府签署这一协定。

会见希腊文化部长

与希腊文化部签署合作协议

2008年5月，“国际博物馆日”期间，中国国家文物局为全国首批83座国家一级博物馆举行授牌仪式。开展博物馆评估定级工作，是加强博物馆行业管理的有效途径，旨在促进博物馆体制改革，完善博物馆社会和行业评价体系，不断提升博物馆管理水平和服务质量，增加各级政府对博物馆的投入。

2008年6月，15国代表齐聚杭州论坛，共同探讨文化景观遗产保护。与以往单一要素的文化遗产相比，文化景观遗产展现的是人类长期生产、生活与自然之间的和谐与平衡，强调的是人类与环境之间相互关照、共荣共存的可持续发展理念，同时，又突破了单体层面的文化遗产保护，迈向整体环境保护的高度。

2008年7月，羌族碉楼与村寨抢救保护工程开工。四川汶川特大地震后，文物系统及时进行文化遗产受损情况调查评估，制定抢救保护规划，开展重点抢救保护工程规划设计及施工准备。都江堰古建筑群和藏族、羌族碉楼与村寨抢救工程率先开工，对于保护珍贵文化遗产、坚定灾区人民重建家园的信心，意义重大。

2008年7月，在加拿大魁北克城第32届世界遗产大会上，中国“福建土楼”正式列入《世界遗产名录》。面对国际社会对世界遗产保护的更高要求，中国不断加大文化遗产保护力度，加强科学管理，将申报世界遗产的过程变为提升保护水平的过程。目前，中国世界遗产的总数为37项。

2008年10月，西安大明宫国家遗址公园保护工程启动实施，大遗址保护高峰论坛召开。近年来，中国制定实施《大遗址保护总体规划》，设立国家项目库，完成了100处国家重点大遗址规划纲要的编制工作。设立大遗址保护专项资金。高句丽遗址、殷墟遗址、大明宫遗址、隋唐洛阳城遗址等大遗址保护项目取得了积极成效。

2009年2月，我在此向各位介绍近年来中国文化遗产保护的各项实践，听起来可能感到这些事件相对独立，之间缺少关联，但是却记录着我们走过的一串“脚印”，或许从中可以发现，中国文化遗产事业正经历着历史性的转型，呈现新的趋势。文化遗产保护领域不断扩大，并由此引发保护内涵的深刻变革。

文化遗产保护作为利在当代、功在千秋的社会公益事业，需要广大民众的积极参与。许多珍贵文化遗产的第一发现者和第一时间保护者就是普通民众。如果民众缺乏保护意识，文化遗产可能无声无息地被破坏甚至毁灭。而事实证明，民众是有觉悟、讲感情的。

2003年1月19日，中国陕西眉县杨家村王宁贤等5位农民取土时意外发现一处具有2 800多年历史的西周青铜器窖藏，他们妥善保护并及时报告当地文物部门。后经专家考证，这批青铜器件件都有铭文，件件都是“国宝”，创造了全国同类发现的多项第一，被评为2003年度“全国十大考古新发现”。由此，这个农民群体保护文化遗产的事迹传遍全国，受到广泛关注。从此，类似事件在同一地区连续出现，2003年—2006年短短的4年中，又有11批农民群体在生产劳动中发现以青铜器为主的珍贵文物后，自觉报告文物部门或上交国家，他们保护的珍贵文物足以建设一座博物馆。

一次次令人们兴奋不已的不仅只是这些出土面世的稀世珍宝，更是这些朴实无华的农民群体，是他们的高尚行为铸造了震撼人心的“农民护宝精神”。这些护宝行为，反映的正是当民众感受到家乡悠久灿烂的文化传统，了解到国家保护文化遗产的法律之后，所形成的自觉自愿的保护意识和无私奉献的高尚情操。

还有一件感人事迹发生于年人均收入不足700元的极其贫困的贵州省黎平县地坪乡。2004年7月20日，当一场百年未遇的洪水咆哮着冲毁“国宝”——地坪风雨桥，上百名村民自发跃入洪水，拼死打捞风雨桥构件，三天三夜的奋争，从贵州省打捞到广西壮族自治区，居然抢救回 73% 的风雨桥构件，使之得以重建。此乃文化遗产保护史的一次壮举，事件主角亦是当地农民。事后记者采访其村民粟朝辉时，他只说了一句话：“我是本地人，这是尽义务。”这句话，表达了当地民众的共识。风雨桥既是休闲、节庆的场所，也是侗族青年行歌坐月、谈情说爱的地方，更是村寨的精神财富，祖祖辈辈都将守护它当成自己的义务。

一位侗族学者说，风雨桥是侗族人生命中的桥，保护它是侗族人传承民族文化的方式。孩子们唱着“地坪花桥传万代”的侗族大歌长大，在此文化氛围中成长、生活、保护花桥的意识早已溶入其血液，他们为花桥做任何事情都如同呼吸般自然。农民群体的事迹再次“感动中国”，也必将“感动世界”。

我们相信，21 世纪的成功城市必将是文化城市！文化遗产保护道路必将越走越宽广！

在与上海世博局负责人座谈时的讲话

（2009 年 7 月 22 日）

根据 2010 年上海世博会“城市，让生活更美好”的主题和上海世博局领导的意见，我们认真研究，推荐三个陈列展览方案，建议作为世界博览会中国馆的主题陈列。

方案一 “中国青铜文明展”

以最能体现中华文明的历史特质、蕴含中国传统文化礼乐文明内核的古代青铜重器为专题，集中展示的庄严浑厚、精巧绝伦的大型青铜重器，以此展现中华文明光辉璀璨和独具特质的气韵。

展览的整体构思与中国馆“东方之冠”的内涵相契合，展品拟以“秦始皇铜车马”大型青铜文物为中心，四周环绕中国各地出土极具代表性的先秦到汉代的大型青铜重器，包括大克鼎、莲鹤方壶、陕西淳化大鼎、河南妇好墓三联盉、曾侯乙尊盘、长信宫灯、铸客鼎、三星堆立人铜像、虎纹大铙、李家山铜器等，彰显古老东方大国文明根基的独特魅力。

方案二 “中国古代发明创造文物展”或“中国文明起源展”

“中国古代发明创造文物展”，是根据“指南针计划——中国古代发明创造的价值挖掘与展示专项”的研究成果，以丝绸织造、青铜铸造、造纸印刷和瓷器制作等专题，集中展示我国古代发明与创造的卓越成就和古代科技的丰富内涵，展现中国古代科技文明和中华文化精髓。

“中国文明起源展”，依托“中华文明探源工程”的成果，通过精美文物，展示中华文明的形成起源和早期发展的历程，揭示早期中国文明的兼容并包和民族凝聚力，弘扬中华传统文化。

方案三　“中国历代家庭生活展”

根据历代出土文物与古代文献资料，以“中国历代家庭生活”为主题，展示历史上的唐、宋、元、明、清、近代、中华人民共和国改革开放前和改革开放后等 8 个不同时期的家庭生活场景，例如家居生活的一角，起居室、书房等。通过珍贵的历史文物和同时期的家庭生活场景的完美结合，透过家庭这一社会细胞的多姿多彩的细致展示，展现博大精深的中国传统文化魅力和和谐美好的人文精神。

在中国文化遗产研究院和德国考古研究院合作谅解备忘录签字仪式上的致辞

（2009年11月13日）

与德国考古研究院座谈

首先，我谨代表中华人民共和国国家文物局对中国文化遗产研究院和德国考古研究院签署合作谅解备忘录表示热烈的祝贺，并对远道而来的格克院长以及其他德国贵宾表示热烈的欢迎，对莅临今天签字仪式的施明贤大使表示由衷的感谢！

众所周知，以田野调查发掘为基础的现代考古发端于欧洲。成立于1829年的德国考古研究院又以其悠久的历史、丰硕的成果，成为世界顶尖的考古研究机构和科研机构。与德国考古学悠久的历史相对应的是，虽然现代考古学直至20世纪初才进入中国，但是中国考古学却自诞生起就焕发出勃勃生机，重要发现、重大研究成果不断带给世界惊喜。特别是近30年来，中国考古事业步入蓬勃发展的新时期，不仅取得了丰硕的学术成果，抢救和保护了一大批珍贵历史文化遗产，而且随着现代科技手段的广泛应用，考古学研究领域不断拓展；随着科普、宣传工作深入，考古学开始为公众所关注和知晓。与此同时，中国考古与世界的交流更加频繁、深入。

在这种背景下，中德文化遗产领域的合作自1986年在陕西拉开帷幕。20多年来，两国友好关系稳步发展，在文化遗产领域的交往日益频繁。为进一步推动双方在此领域的合作，在中德两国政府的支持和关注下，中国文化遗产研究院和德国考古研究院今天在此签署了合作谅解备忘录，标志着我们在文化遗产领域的交流进入一个新的阶段。

我相信，以中国文化遗产研究院和德国考古研究院刚刚签署的合作谅解备忘录为契机，中德两国在文化遗产领域的合作会更加紧密和富有成果。在此，感谢为促成合作谅解备忘录顺利签署付出辛勤工作的德国驻华使馆和考古界的同人们，并祝愿中德两国友谊之树常青！

在会见美国凯悦集团总裁贝思佳先生时的谈话

（2010 年 1 月 5 日）

托马斯·贝思佳先生一直关注西藏历史、宗教研究和文物保护事业，近年来多次前往中国西藏自治区考察，而且在一些刊物发表了具有学术水平的文章，这对于宣传中国西藏文化和西藏文物保护成就，具有积极意义。借此机会，我介绍一下中美文化遗产保护合作情况和西藏文化遗产保护状况。

近年来，中美文化特别是文化遗产领域的交流与合作取得了令人瞩目的成果。中国政府历来重视打击盗窃、盗掘和走私文物犯罪活动,并积极探索保障文物安全的长效机制,始终履行有关国际公约，参加多边和双边的国际合作，与各有关国家签署防止盗窃、盗掘和非法进出境文物的双边协定，通过国际社会的共同努力，切实保护人类共同的文化遗产。中国政府积极响应并先后加入了联合国教科文组织 1970 年《关于禁止和防止非法出口文化财产和非法转让其所有权的方法的公约》和国际统一私法协会 1995 年《关于被盗或者非法出口文物的公约》。经过 11 年的努力，2009 年 1 月 15 日，中美两国签署了限制进口中国文物的谅解备忘录。该备忘录的签署，不仅是防止中国文物非法流入美国的重要举措，而且是推动国际社会在文化遗产领域交流与合作的具体行动。国家文物局将进一步加强与其他非法出境文物主要目的国的合作，推动相关协定的签署，将以与美国签署限制进口中国文物的双边协定为契机，继续加大与英、法、德、日、瑞士等中国文物进口大国签署双边协定的力度，也要加大与埃及等文化遗产丰富、曾被掠夺或非法走私文物的国家商签防止盗窃、盗掘和非法进出境文物协定的力度。

两国在博物馆交流方面携手合作，美国成为中国文物展览的重要国家，每年都有多个文物展览在美展出。特别是近些年来，福建博物院和浙江考古所的“相遇太平洋：中国海洋文明的发端展”、故宫博物院的“中华妇女服饰展”、上海博物馆的“上海博物馆珍品展”、陕西省文物局的“黄河文明展”和“碑林佛教造像展”、故宫博物院的“明代宫廷艺术——盛世乾隆巡展”、湖南省文物局的“马王堆汉墓文物展”、陕西省文物局的“中国秦兵马俑展”等在美展出，均反响热烈，受到美国民众的欢迎。目前，中国国家文物局已经原则同意在大都会博物馆举办“元代艺术展”。

中国文物博物馆单位与美国民间机构和非政府组织的合作方兴未艾。一是与美国盖蒂保护研究所的合作。目前中国国家文物局与盖蒂保护研究所的合作已经进行了 6 个阶段，并刚刚签署第 7 阶段合作协定。其中盖蒂保护研究所与敦煌研究院合作开展的敦煌壁画保护项目已经进行了 17 年，得到国际社会的广泛好评。由于该项目成果显著，盖蒂保护研究所该项目负责人内维尔·阿格纽先生被中国政府授予 2006 年度国际科技合作奖。近年来，盖蒂保护研究所还参与了中国文物保护准则的制定和中国文物保护人员培训项目，先后组织中方人员赴盖蒂保护研究所和澳大利亚亚瑟港文物古迹保护与规划高级研讨班学习。二是与美国梅隆基金会的合作。美国梅隆基金会长期致力于支持中国文物保护和博物馆事业的发展，正在进行的敦煌壁画数字化保护项目旨在通过数字化技术的应用，提高敦煌壁画的信息采集水平以及敦煌学的研究水平。2001年梅隆基金会启动了中国博物馆馆长培训项目，先后为中国培训了5期15位博物馆馆长，并于2006年与中国国家文物局合作在北京召开了中美博物馆论坛，推动现代博物馆理念和实践在中国的传播，以及中国博物馆向现代博物馆的转变。目前，参加第6批博物馆馆长培训的馆长即将赴美。三是与美国规划师协会的合作。2005年国家文物局与美国规划师协会签署了交流合作谅解备忘录，根据备忘录美国规划师协会将在文物保护规划方面与中国文物保护部门开展合作。

西藏的文化遗产保护不断取得新的成果。历时8年、耗资3.8亿元的西藏布达拉宫、罗布林卡、萨迦寺三大重点文物保护维修工程顺利竣工。工程实施过程中尊重传统工艺、尊重民族风格、尊重科学传承，不断提高保护维修工程的科技含量。2009年8月，江孜宗山遗址保护修缮工程举行了开工典礼，标志着西藏“十一五”重点文物保护工程开始进入全面实施阶段。西藏“十一五”文物工程包括大昭寺、小昭寺、扎什伦布寺、江孜宗山遗址等22个重点文物保护单位的维修保护工作，投资总计约5.7亿元。

西藏地区第三次全国文物普查工作进展顺利，目前已经顺利进入第二阶段，即实地文物调查阶段。目前国家和西藏自治区已经投入普查资金1 500多万元，完成了682个乡镇的田野调查工作，实地调查完成率达到98.55%，共调查登录各类文物点4 219处，其中新发现2 979处。2009年10月，国家文物局在拉萨举办了西藏自治区文物保护工程培训班。来自西藏自治区文物系统的近200人通过6天的培训，以专题讲座形式，系统学习了文物保护工程相关法律法规、原则、程序和技术标准，以及藏式古建筑相关历史和传统工艺，为西藏重点文物保护工程的顺利实施提供技术支持。

西藏文物保护机构建设也有新的进展。西藏自治区文物局增加了编制，成立了自治区文物保护中心，几个地市成立了地区文物局。2010 年是西藏文物保护工作的关键之年，一批重要的文物维修工程将取得初步阶段性成果，西藏地区第三次全国文物普查也将进入复查和室内整理阶段。

托马斯·贝思佳先生也许在西藏考察时了解到，尽管中国政府对西藏自治区的文物保护投入了大量的人力、物力、财力，对西藏文化遗产保护进行了整体规划和安排，但是还存在一些需要改进的地方，特别是在人力资源培训方面亟待加强。为此，我们希望通过与教育部合作，在北京大学考古文博学院专门为西藏文物保护人才培养举办培训班，感谢此项计划得到托马斯·贝思佳先生的关注和支持。

在文化部驻外文化处（组）及文化中心负责人年会上的报告

（2010 年 1 月 6 日）

驻外文化处（组）及文化中心负责人年会

新年伊始，我非常高兴参加外联局的工作会议。下面，我向大家报告一下 2009 年的文物外事工作情况、谈谈我对文物外事工作的认识以及明年文物外事工作的一些设想，请大家指正。

一、2009 年的文物外事工作回顾

2009 年，在外交部、文化部、各驻外使领馆及其他相关部门的

积极支持下，文物外事工作不断加强，范围不断扩大，项目不断增多，内容不断丰富，能力不断提升，取得了新的进步。

（一）政府间文物交流与合作加强，国际合作力度增大

一是国家文物局积极执行政府间交流计划，与阿尔及利亚、埃塞俄比亚、保加利亚、俄罗斯、荷兰、捷克、突尼斯、智利等17个国家顺利实施了互访。2009年2月，中国文物代表团出访阿尔及利亚、埃塞俄比亚和英国，与阿、埃两国政府探讨了加强文物交流与合作，促成与埃塞俄比亚签署防止盗窃、盗掘和非法进出境文物协定。同年3月，中国文物代表团赴美国，应邀出席美国ICOMOS第12届国际研讨会，介绍中国开展四川震后文化遗产抢救性保护的情况。同年5月，中国文物代表团访问突尼斯和捷克，出席“华夏瑰宝展”在突尼斯的开幕式，并与捷克文物主管部门就进一步加强在文化遗产保护领域的交流与合作进行了沟通。同年6月，中国文物代表团访问俄罗斯、波兰，向两国递交了《关于防止盗窃、盗掘和非法进出境文物的协定》文本。同年11月，中国文物代表团访问保加利亚和智利，与保加利亚在打击文物走私方面达成共识，并向保方提交了协定文本。

二是积极开展对发展中国家政府间援助项目。与柬埔寨政府合作开展的援柬二期修复项目进入实施阶段；与蒙古、肯尼亚有关机构合作开展的考古工作顺利推进；在驻相关使领馆文化处（组）的大力支持下，我局于2009年11月免费举办了博物馆管理国际研修班，来自印度、埃塞俄比亚、马尔代夫、印尼、尼泊尔、斯里兰卡、智利、秘鲁等12个国家的23名学员参加学习，为发展中国家培养了急需的博物馆管理专业人员。

国际古迹遗址理事会震后文化遗产保护研讨会

会见阿尔及利亚、埃塞俄比亚大使

（二）进一步加大与外国政府商签打击文物走私双边协定力度

以签署和落实“防止盗窃、盗掘和非法进出境文物的协定”为重点，积极开展政府间交流与合作。2009 年 1 月 15 日，历经 11 年艰苦谈判，中美签署了《对旧石器时代到唐末的归类考古材料以及至少 250 年以上的古迹雕塑和壁上艺术实施进口限制的谅解备忘录》。真可谓“十年磨一剑”！这是我国第一次与世界上主要的艺术品进口国，或叫作非法文物流向目的国，达成此类谅解备忘录，是我国打击盗窃、盗掘和走私文物工作的重大突破。对于遏制文物犯罪具有极为重要和深远的意义，在世界上引起良好反响。2009 年，我国还与埃塞俄比亚、土耳其和澳大利亚签署了此类谅解备忘录。截至目前，我国已与 12 个国家签署了防止盗窃、盗掘和非法进出境文物的协定，是世界上签署此类协定最多的国家之一。

会见埃塞俄比亚大使

（三）积极与有关国际组织和民间机构开展合作

2009年，在文化遗产多边国际舞台上，国家文物局进一步发展与相关国际文物博物馆组织的关系，积极参与国际会议和重要国际活动，开展各种国际多边文化遗产交流活动，努力营造对我有利的国际环境与氛围。一是2010年国际博物馆协会第22届大会的筹备工作得到各方高度评价。召开中、日、韩国家委员会主席第一届圆桌会议，就2010年国际博物馆协会大会加强协调与配合；参与《亚太地区博物馆核心价值宣言》的起草和讨论，广泛宣传2010年上海国际博物馆协会大会举办的主题和意义。二是2009年世界遗产委员会第33届大会上，我国申报项目“五台山”经大会审议作为文化景观成功列入《世界遗产名录》，圆满完成了预定目标。三是2009年国家文物局与美国盖蒂保护研究所正式签署了第七期合作协定。此前，国家文物局与该所进行了20余年的合作，取得了良好的合作成果。四是2009年11月中国文化遗产研究院与德国考古研究院签署了合作协议，为中德两国在文化遗产保护领域的合作奠定了基础。

此外，国家文物局还派员出席了联合国教科文组织和国际文化财产保护与修复研究中心等组织的一系列重要国际会议，积极参与文化遗产领域的国际事务；同时，派员赴柬埔寨、以色列、日本、意大利等多个国家出席国际学术研讨会、国际博物馆协会相关会议。通过参与国际组织及其活动，一方面使中国在国际组织中争取了更多的话语权和一些项目上的主导权，有助于宣传我国文化遗产保护事业和成就，扩大影响，树立形象；另一方面，更多更及时地了解国际文物保护的最新理念与科技信息，为我国文化遗产事业提供更好的服务。

首届亚太遗产保护论坛（同济大学）

（四）对港澳台地区文物交流工作亮点频出

一是为了使香港民众更多地了解祖国文化遗产事业，与香港民政局合作，在香港历史博物馆举办了“沪港两地发展史展览”；为庆祝澳门回归十周年，与澳门民政局合作，在澳门文化博物馆举办了“九九归一展”。两个展览均在当地社会获得了较好的反响。二是针对台海局势及两岸关系出现的新变化，积极配合国家对台工作大局，继续发挥祖国大陆文化遗产资源优势，促进两岸文物博物馆团组互访，鼓励文物展览入岛展出。两岸故宫直接交流实现历史性突破：首次实现了院长互访，北京故宫37件文物赴台北故宫参加“雍正展”，两岸故宫文物首次同场展出，实现了历史性的突破。

（五）文物展览的质量和组织水平不断提高

中华民族悠久的历史和丰富璀璨的文化遗产对世界各国民众都具有独特吸引力。对外文物展览是对外文化交流中最受欢迎、影响最大、最具特色的活动，在配合国家外交和对外宣传工作方面一直发挥着独特的、重要的作用，在我国对外文化交流活动中，以特色显著、受众广泛、影响深远而获得了很好的社会和经济效益。

2009 年，国家文物局共审批、组织了赴境外文物展览 56 项，其中赴比利时“中国古代帝王珍宝展”“丝绸之路展”，赴突尼斯“华夏瑰宝展”，赴智利“古代中国与兵马俑展”，赴美国“中国秦兵马俑展”，赴日本“西藏艺术与考古展”等展览，有力地配合了重要外交活动并取得巨大成功。例如赴比利时“中国古代帝王珍宝展”作为“欧罗巴利亚中国艺术节”的开幕活动一个亮点，吸引了比利时国王、王室成员及政府全部内阁成员共同出席展览开幕式并参观展览。赴美国“中国秦兵马俑展”在休斯敦、华盛顿等四地巡展，好评如潮。在休斯敦历时 5 个月的展出中，观众达 20 多万人次，甚至在最后一天 24 小时全天开放，当天观众多达 2 000 多人。美国主流媒体予以长时间关注和报道，《时代周刊》将该展览评为年度全美不容错过的十大展览之一。

为庆祝中突建交 45 周年，“华夏瑰宝展”在突尼斯迦太基遗址博物馆隆重开幕。这是中国文物展览首次在阿拉伯国家举办。突尼斯参议院议长、文化遗产部部长、总统顾问等政要出席了开幕式，对展览给予了高度评价。该展标志着中突文化关系进入了新纪元。赴智利“古代中国与兵马俑展”于 2009 年 12 月 3 日在圣地亚哥开幕，智利总统巴切莱特等出席展览开幕式。巴切莱特在展览开幕式上表示：此次展览是中智两国文化交流与合作深化的又一巨大成果，是中智两国建交 40 周年的重要历史事件，具有非同寻常的意义。

在日本举办的“西藏艺术与考古展”由国家文物局与中央统战部合作举办，被列为西藏民主改革 50 周年宣传活动重点项目之一。

展览开幕以来，观众非常踊跃，取得了良好的涉藏外宣效果。“秦汉—罗马文明展”由中国与意大利两国共同提供展品、共同承担费用，在两国轮流展出，是中意两国文化交流中富有国际影响的创新。展览已在北京、洛阳展出，2010年将赴意大利米兰、罗马展出，成为在意大利举办的中国年活动的重要项目。赴日本“大三国志展”于2009年4月在日本圆满结束，展览在日本引起轰动，短短数月观众人数超过百万，成为在日本举办的观众人数最多的中国文物展览。

国（境）外民众通过参观我国的文物展览，不仅加深了对我国多民族统一国家历史和博大精深文化的了解，也从展览中看到了当代中国快速发展的勃勃生机和独特魅力。

二、文物外事工作的地位与作用

回顾近年来的文物外事工作，我们认为，工作取得成绩的主要原因有以下五个方面：一是文物外事工作得到了外交部、文化部等部委的指导和支持；二是在国家强盛、民族昌盛的大背景下，中国和中国文化对世界各国民众产生的影响力和吸引力不断增大；三是中国文化遗产事业近年来巨大进步为文物外事工作夯实了发展的基础；四是文物外事工作始终坚持为外交工作服务、为对外文化交流服务、为文化遗产事业服务、为广大民众服务的宗旨；五是国家文物局按照文物外事工作的客观规律，着力加强了对文物外事工作的管理。

我们越来越深刻地体会到，历史悠久、弥足珍贵的中华民族文化遗产，既是不可再生的、不可替代的深厚物质资源，更是博大精深、绵延不断的文化资源和精神资源，具有重要的经济、政治、文化、历史和科学价值，对国家的统一、民族的团结、社会的和谐、人民的幸福具有重要现实意义和深远的历史意义。

（一）文化遗产保护事关国家统一大业和领土完整

以文物和文献作为悠久历史和灿烂文化载体的物质文化遗产，无可辩驳地说明中国自古以来就是一个疆域广阔、资源丰厚、历史绵延不断的统一的多民族国家。在近代历史上，世界列强对中国进行瓜分和掠夺，在当今，西方国家西化分化中国、扭挠我国发展的活动有增无减，一些周边国家对中国领土的觊觎一刻未停。例如，通过对南海海域水下文物的调查，我们以雄辩的事实证明南海自古以来就是中国的领土。又如，在福建、广东、浙江、河南等省市广泛分布的涉台文物，是联系海峡两岸同胞民族感情的重要纽带，印证自古以来台湾就与祖国大陆地理相连、血缘相亲、语言相通、习俗相同；反映台湾与祖国大陆地理、经济、民族、文化等关系，充分说明台湾自古是祖国不可分割的一部分。

（二）文化遗产保护是维护社会稳定和民族团结的重要举措

文化的多样性是人类社会活力的源泉和体现，是各个国家和民族宝贵的资源和财富。当前，随着全球化趋势和现代化进程的加快，人类文明进入全球化和信息化的新时代，但是同时也给世界带来“单一”的危险。强势文化对弱势文化的侵吞逐步加剧，削弱了人类历史积累起来的文化资源和创新能力。大量实物遗存，是中华民族发展的历史见证，是中华文化一脉相承的实物载体，印证和巩固中国各民族血肉相连关系和情感纽带。新疆丝绸之路文物保护工程、西藏文物保护工程、人口较少民族文化遗产保护和博物馆建设工程、震后藏羌文化遗产保护工程，对于保持文化多样性，促进民族团结，维护社会稳定、和谐具有无可替代的重大作用。

（三）文化遗产保护是国家软实力建设的重要标志

保持民族文化特性，保护人类共同创造的文化遗产，是当今国际社会各个国家的共同要求。世界上许多国家，无论是发达国家还是不发达国家，都制定了保护文物的法律和法规，加强了文物的保护和管理。因此，加强文化遗产的挖掘和保护，积极参与国际文化遗产保护领域的对话与交流，有利于把中华文明推向世界，提高我国的国际地位和作用。改革开放以来，中国先后加入了国际博物馆协会（ICOM）、国际古迹遗址理事会（ICOMOS）和国际文化财产保护与修复研究中心（ICCROM）等三个与文化遗产有关的国际组织以及《保护世界文化和自然遗产公约》《关于禁止和防止非法进出口文化财产和非法转让其所有权的方法的公约》《关于被盗或非法出口文物公约》和《武装冲突情况下保护文化财产公约》等四个国际公约。加入这些国际组织和国际公约，不仅丰富了国际文化遗产法律法规体系，也扩大了中国在文化领域的话语权。

（四）文物外事工作在国家重大外交活动中发挥独特作用

最近几年，在中法文化年、中意文化年、中俄国家年、欧罗巴艺术节等重大外事活动中，举办文物展览已经成为传播中华文化，树立中国繁荣昌盛、和平崛起形象的重要内容。文物领域双边协定成为国事访问重要内容之一。2009 年，先后有中国与土耳其、中国与澳大利亚两个协定、谅解备忘录分别在胡锦涛主席等国家领导人的见证下签署。文物展览已被纳入我国领导人出访日程中的重要内容之一。2009 年 10 月国家副主席习近平访问比利时期间，在比利时国王夫妇陪同下，参观了“中国古代帝王珍宝展”。

参观文化遗产已是各国政要访华的重要内容。此次美国总统奥巴马亚洲四国之行，只在中国安排了参观项目，在十分紧张的行程中专门安排时间参观了故宫博物院。美联社对此评论说："参观到访国的名胜古迹，体现了一位领导人对这个国家文化的尊重。"在举办国宴的人民大会堂金色大厅内，我国政府专门调集陈列了6件来自故宫博物院、国家博物馆和陕西历史博物馆的中国文物精品。胡锦涛主席亲自向奥巴马总统介绍这些文物。中国悠久的历史、灿烂的古代文化给奥巴马总统留下深刻印象，奥巴马总统在享用国宴的同时，也享用了中国文物精华的精神大餐，这为对美外交工作营造了良好的氛围。

欢迎美国奥巴马总统国宴陈列文物

三、关于2010年文物外事工作的几点意见

在新的一年，国家文物局将继续坚持国家外交工作和文物工作方针，秉承"为外交工作大局服务、为外宣和对外文化交流工作服务、

为文化遗产事业服务、为人民大众服务”的宗旨，以“加强对外文化交流，吸收各国优秀文明成果，增强中华文化国际影响力”为根本目的，坚持“以我为主，为我所用，对我有利”的原则，加强政府间和国际组织间的交流与合作，研究新时期文物出国（境）展览的趋势和特点，进一步科学规范管理，积极实施“走出去”战略。

（一）扩大政府间交流与合作，加大商签打击文物走私力度

当前，对中国文化遗产保护最严重的威胁之一，是盗窃、盗掘、走私文物。我们在和美国国务院官员谈判时形成一个共识：武器贩运、毒品走私和文物走私是当今世界面临的三大非法贩运和走私的挑战。因此，加大与外国政府商签防止盗窃、盗掘和非法出境文物的双边协定的工作，将是今后相当长一个时期内一项重要工作，既涉及国内各个相关部门，也需要驻外使领馆特别是文化处（组）将其作为工作中的重点予以支持。重中之重是加大与英国、法国、瑞士、日本等中国文物非法流向目的国签署防止盗窃、盗掘和非法进出境文物协定的力度，力争在今年与英国和法国在商签打击文物走私协定方面有所突破。同时，我们要加快与柬埔寨、埃及和墨西哥等历史悠久、文化遗产丰富且经历被劫掠历史的国家签署防止盗窃、盗掘和非法进出境文物协定的速度，加强与这些国家的合作，在国际社会形成强有力的舆论氛围。

（二）加强文物对外展览的组织、实施、协调和监管

按照加强中华文化软实力建设、扩大国际影响力的要求，在文物对外展览方面，以外方的主动要求和我方实施“走出去”战略为契机，整合全国文物资源，努力探索以多种方式、多种渠道办好文物外展的途径，选择好的主题和展品，对发达国家开展商业性有偿展览，与周边国家进行互惠合作，向发展中国家无偿提供文物展览等不同方式，不断扩大文物展览的影响力。我们将进一步密切与国内各有关部门和驻外使领馆的沟通和合作力度，加大做好对台、涉藏、涉疆等方面的文物展览工作力度。我们将进一步加强文物出国（境）展览的指导，加大整合全国文物资源的力度，统筹规划，精心组织，选择好的主题和展品，不断扩大文物展览的影响力。努力探索以多种方式、多种渠道办好文物对外展览的途径，提高依法开展文物出国（境）展览工作的能力，为文化对外交流做出积极贡献。

同时，我们注意到，国际社会对中国文物展览的期望值越来越高，希望在一个展览中观赏到更多的重中之重、贵中之贵和珍中之珍的文物。对此，一方面，我们应努力提升展览学术含量，实现更多的如赴美国、日本、中国香港等地的“走向盛唐展”、赴日本“大三国志展”、赴英国“秦兵马俑展”等精品展览。同时，我们将依托驻外使（领）馆和与我友好的外国机构，依法严格审核国（境）外合作方的资质和信誉，对文物展览的主题、大纲、展品和协议书严格把关，避免涉及敏感问题，避免有争议的文物展品出境展出。另外，我们将继续把国（境）外规模大、档次高、信誉好、经验丰富、影响力强、对我友好的博物馆和相关机构作为我文物出国（境）展览的国（境）外合作方，逐步推动与发达国家联合举办国家级大型文物展览和巡展，通过强强联合，实现社会和经济效益“双赢”。

在2010年，国家文物局将在外交部、文化部的指导下，积极落实由中意两国政府举办的“秦汉—罗马文明展”参加在意大利举行的中国文化年活动；做好在亚欧峰会期间举办的“通向亚洲之路”的参展工作；在印度举办的中国年“中国古代瑰宝展”等重点项目。

（三）积极参与文化遗产领域的国际合作，树立我文化大国和负责任大国的形象

在2010年工作计划和“十二五”规划中，我们将积极推动对发展中国家政府间文化遗产保护领域的援助项目。2月初，我国援助柬埔寨修复吴哥窟茶胶寺工程将举行开工仪式。同时，我国与肯尼亚、蒙古等国的考古发掘合作项目也将按计划推动。2010年，我国将在申报世界遗产、二战文物返还等方面，主动开展工作。

（四）把对外文物交流与合作纳入到国家外交大局统筹考虑

国家文物局作为全国文物、博物馆工作的主管部门，在推动中外文化交流方面承担着光荣的责任和义务。我们诚恳地希望各个使领馆给我们出题目、提意见、压任务，指导我们的工作。国家文物局的外事联络司，是为大家服务的部门，将会为各驻外使领馆文化外交工作服务，做好信息员、协调员，当好参谋。今后各驻外使领馆文化处（组）如果有政策不清、法规不明之处，或者在开展文物外事工作方面有需求、有困难，欢迎随时与国家文物局外事联络司联系。

关于海南国际旅游岛建设中重视文化遗产保护的提案①

（2010 年 3 月）

《国务院关于推进海南国际旅游岛建设发展的若干意见》的发布，标志着海南国际旅游岛建设正式上升为国家战略。这是党中央、国务院着眼于我国改革开放和现代化建设大局做出的一项重大战略决策，是海南发展史上又一件具有里程碑意义的大事。建设国际旅游岛，是全面推进海南各项事业全面协调可持续发展的系统性工程。

文化是旅游的灵魂，是发展旅游业的根基所在。加强海南文化遗产的有效保护和合理利用，是海南国际旅游岛建设的重要内容，是推进海南生态文明建设、旅游业、现代服务业等各项事业发展不可或缺的重要因素，是建设生态环境优美、文化魅力独特、社会文明祥和的开放之岛、绿色之岛、文明之岛、和谐之岛的应有之义。在突出抓好旅游业、现代服务业发展的同时，要彰显文化、挖掘内涵，提升文化品位、高度重视文化遗产保护。

海南具有丰厚而独特的文化遗产资源。有沟通东西方经济和文化交流的“海上丝绸之路”的南海线路，从琼州海峡到西沙、南沙

① 此文为在全国政协十一届三次会议上的提案，联名提案人：耿其昌、王川平、夏燕月、杨一奔、田青、吕章申、仲呈祥、王书平、席强、刘庆柱、余辉、刘敏、丹增、高延青、樊锦诗、陈祖芬、郁钧剑、董良翚、吴祖强、杨力舟、詹祥生、尼玛泽仁、侯露、张廷皓、姜昆、宋春丽、郭瓦加毛吉、张和平、陈力、张海、张柏、韩书力、林建岳、孟广禄、王霞、冯英、杜滋龄、苏士澍、阿拉泰、安家瑶、赵维绥、龙瑞。

的航线上，遗存2 000多艘古代沉船等水下文化遗产；有反映琼崖人民革命斗争精神的全国重点文物保护单位中共琼崖第一次代表大会会址、陵水县苏维埃政府旧址、红色娘子军纪念园等红色文化资源；有承载着贬官文化的全国重点文物保护单位五公祠、海瑞墓等文物古迹；有独具特色的黎、苗等少数民族文化遗产；有首批中国历史文化名街海口骑楼老街等历史文化街区。目前，海南省有各级文物保护单位300余处，博物馆23座。在第三次全国文物普查中，截至2009年12月底，海南省共调查登记不可移动文物3 497处。加强海南文化遗产保护，深入挖掘这些丰厚的文化遗产资源，对于展示海南文化底蕴和文化特色，建设文化品牌，推动海南国际旅游岛建设，具有十分重要的意义。

为加强海南文化遗产保护，提出以下建议。

（1）把文化遗产保护纳入海南国际旅游岛发展规划。建议海南省依据《国务院关于推进海南国际旅游岛建设发展的若干意见》的总体要求，将文化遗产保护纳入《海南国际旅游岛建设发展规划纲要》，坚持文化遗产保护与其他行业统筹兼顾、协调推进，认真制定文化遗产保护规划，明确提出文化遗产保护的目标、任务和政策措施，并根据文化遗产保护实际情况，出台有关国际旅游岛建设中文化遗产保护管理办法。

（2）加大文化遗产的保护和维修力度。随着海南国际旅游岛建设的全面铺开，海南的城市化将进入一个新的高潮期。在基本建设中，要严格执行文物保护法，正确处理文化遗产保护与基本建设的关系，针对文化遗产的不可再生性、珍稀性和脆弱性，始终坚持文物工作方针，把文化遗产及其原生环境的保护放在首位。例如加强对五公祠等重要文物古迹的抢救与维修，整治周边环境，拆除违章建筑；加强海口骑楼老街保护，制定专项法规和保护规划，成立专门的管理机构，保持街区传统风貌和街巷肌理，完善投入机制；以第三次全国文物普查为契机，全面掌握海南的文化遗产家底，做好登记、建档和资料整理工作。对具有重要价值的普查登记文物，及时公布为相应级别的文物保护单位。

永兴岛

（3）加强海南水下文化遗产保护。南海水下文化遗产数量大，分布广泛，而南海海域缺乏必要的文物保护专业机构，文物安全形势十分严峻。建议海南省设立水下文物保护研究专门机构，加大南海水下考古工作力度，积极保护和利用“海上丝绸之路”文化遗产。建立文物、公安、边防、海监、海军等联席会议制度，协调南海水下文化遗产安全工作。

（4）加强海南博物馆建设。由于海南省博物馆建设起步较晚，机构不健全，经费缺乏等原因，海南省博物馆事业与一些先进省份相比发展缓慢，与国际旅游岛建设不相适应。建议把海南博物馆建设纳入海南国际旅游岛建设发展规划纲要，设立海南省博物馆事业发展专项经费。加大海南省博物馆二期建设力度。推动南海水下博物馆和沉船遗址博物馆建设，根据藏品的种类、数量，结合展示服务功能需要，充分论证，科学评估，确定新馆建设规模，积极做好前期规划。扶持和鼓励自然类等具有海南地方特色的专题博物馆建设，提高旅游休闲的文化品位，丰富人们的文化生活。

（5）做好文化遗产的展示工作。可依托博鳌亚洲论坛建设主题展览园区，通过全国文物精品巡展的方式，集中展示中华文明五千年的灿烂文化和发明创造，提高博鳌论坛的文化品位。开展水下文化遗产的研究和挖掘，展示本地区独特的水下文化遗产资源。加大黎族船型屋村寨等保护宣传力度，深入研究、发掘黎族文化，建设反映黎族文化的生态博物馆。利用海南独具特色的自然资源，建设反映海南亚热带风情的自然展示园区。通过深入发掘海南文化遗产的深厚底蕴，建设享誉世界的文化品牌，努力使海南既成为对外开放的平台，又成为展示中国优秀传统文化的窗口。

在与阿拉伯埃及共和国政府签署合作协定仪式上的讲话

（2010年10月12日）

怀着激动的心情再度踏入埃及这个古老而文明的国度。中国与埃及虽然在地理上相距遥远，可是我们两国在文化遗产方面却拥有许多共同点。正如一位哲人所言：人不可能两次踏入同一条河流。我曾经访问过埃及，而当今天再次踏上这片古老而文明的土地，感受到埃及依然美丽而神奇，但是，由于我们所承担的责任不同，心境也有所不同。

中埃两国同为文明古国，都曾为世界创造了伟大的文明，也同样拥有丰富的文化遗产资源，当前我们都承担着保护文化遗产的历史使命，都面临着保护与发展的共同课题。中埃两国同是联合国教科文组织1970年《关于禁止和防止非法进出口文化财产和非法转让其所有权的方法的公约》的缔约国，并且在历史上也都深受文物遭盗窃、盗掘和走私之害。可以说，是共同的命运和责任为我们两国在文化遗产领域的合作奠定了坚实的基础。

经过中埃双方文化遗产部门的共同努力，在两国有关部门的大力支持下，经过两国政府批准，我代表中国政府刚刚和哈瓦斯博士签署了《中华人民共和国政府与阿拉伯埃及共和国政府关于保护和返还从原属国非法贩运被盗文化财产的协定》，中埃两国政府签署这一协定，不仅是有效阻止两国文物非法流入对方国家及其他国家的重要举措，更向世界表明两国政府共同合作保护人类文化遗产的坚强决心，对于促进国际社会更加重视保护人类共同的文化遗产必将产生积极影响。

我们高兴地看到，近年来中埃两国文化交流与合作日益密切，取得令人瞩目的成绩，文化遗产领域的交流与合作不断发展。今天，中埃两国政府的代表在这里签署协定，畅谈合作，意义非凡。我充分相信两国的文化遗产主管部门从此合作将更加密切，联系将更加紧密，在考古研究、博物馆交流、文物科技保护、人才培养等领域继续保持更加密切的合作。我们愿意和埃及同行们一道，为共同保护、传承人类共同的文化遗产，共同推动人类文明的和谐发展而不懈努力！

在中国科技史及其与世界其他文化的相互影响国际会议开幕式上的致辞

（2010年11月10日）

今天，各位专家、学者共聚北京，参加由联合国教科文组织、中国科学技术协会、中国国家文物局共同主办的中国科技史及其与世界其他文化的相互影响国际会议，我谨代表中国国家文物局向各位代表的光临表示热烈的欢迎！

我非常高兴地看到，出席本次会议的很多代表来自历史悠久、对人类文明和社会进步做出过巨大贡献和影响的文明古国，这些国家都拥有大量珍贵和丰富的文化遗产。在此，我也非常高兴地向各位介绍一下关于中国文化遗产的基本情况。目前，经普查登记的不可移动文物约90万处，现有世界遗产40处，各类博物馆3 020余座，收藏有数千万件可移动文物。这些珍贵的文化遗产不但是中国各族民众的，也是全人类共同的财富；不但属于今天，更属于未来。因此，将它们真实、完整地流传下去，是我们的光荣职责。

中华民族创造并留存下的珍贵文化遗产，作为生动的实证，直接彰显了民族智慧与创新精神，充分证明了5 000多年连续不断的中华文明发展史，就是一部中华民族持续的科技创新史。在中华文明发展史上，中国古代科技先驱们在天文学、算学、农学、医学等领域创造了辉煌科技成果，贡献了造纸术、火药、印刷术、指南针等举世闻名的伟大发明，在丝织、制瓷、冶金、造船等领域也曾达到当时的世界先进水平，为推动人类文明进步做出了不可磨灭的贡献。

中国位居世界的东方，在长期的文明发展进程中，与中亚、印度、欧洲、非洲、美洲等世界各国都曾有过深入广泛的交流。例如，举世闻名的“丝绸之路”，作为一条具有历史意义的国际通道，连接了古老的中国文化、印度文化、波斯文化、阿拉伯文化和古罗马文化，它不仅由西向东输送了丝绸、陶瓷等物资商品，发展出一系列长途贸易，带去东方的文化、习俗以及包括四大发明在内的科学技术，同时也由西向东传播了许多物种，并带来了一系列宗教和文化艺术。这条道路成为当时东西方之间的商贸之路、物种传播之路，更是文化艺术、宗教和科学技术的交流之路。“丝绸之路”给我们带来的交流、学习、理解、融合，是一笔伟大的精神财富，对于我们继续开展深入合作、谋求共同发展具有深远的影响和指导意义。

非洲文化聚焦活动开幕式

在经济全球化的今天，文化的多样性受到了威胁和挑战，举办类似的交流研讨会议具有特殊而深远的意义。我们认为，文化多样性对于人类社会就像生物多样性对于生物界那样必不可少，具有文化多样性的世界才具有更大的发展潜力。历史告诉我们，不同国家、不同文化之间相互交流、合作，是推动创新和发展的重要因素。应当倡导不同文化间的和谐共处、取长补短，提倡各种文明相互间的共处、对话、交流和兼容，从而共同发展，共同繁荣。

我深信，文化科技间的交流与合作，各文明之间的对话与包容，对于建设一个更加文明、进步、和谐的世界有着重要意义。我希望，在此次会议上，各国专家、学者通过对科技发展史以及世界各文明之间的相互影响进行深入探讨，共同分享知识，交流经验，为促进不同文化之间的相互理解和包容，进而建设一个更加美好的未来世界做出我们的努力和贡献。

在扬州“大地与水：景观美的认知”国际学术研讨会上的主题报告

（2010年11月23日）

扬州“大地与水：景观美的认知”国际学术研讨会

非常高兴应邀来到扬州参加本次论坛。扬州是我十分喜爱的一座城市，这里的古渡名刹、故园老街、旧俗民风都给我留下了深刻的印象。今天，以“大地与水：景观美的认知”为主题的论坛又得以在这里召开。

一、文化景观与中国传统文化

文化景观是近年来引起国际社会广泛关注的一种新型文化遗

产，它所涵盖的内容与价值形态已超出了人们对文化遗产原有的认识和界定，是将视角扩大到一个更加广阔的时空内观察到的一种物象。文化景观是人与自然共同作用的结果，它以更加丰富的维度和层次反映了人类与自然界在漫长的协同演进的过程中所产生的延续的、错综复杂的关联状态，自然环境与人类创造是构成文化景观不可或缺的两项构成要素。

中国古代对于自然地理与人文生息之间的相互影响早有研究，反映人与自然关系的生态观念是中国传统文化的一个重要组成部分。道家作为我国早期本土正统学派，主张“自然无为、顺应天道”；而《老子》则提倡“人法地，地法天，天法道，道法自然”；此外《逸周书》和《周礼》强调依据时令，循环生息、自我调节、永续利用。这些朴素的思想共同奠定了中国传统文化中极为重要的“天人合一”哲学理念的基础，并为历朝历代所奉行，进而造就了中国各地形态、种类各异，但皆以“人与自然和谐统一”为至上境界的文化景观。

大量的古籍文献中不仅记载了各类基于山形水系的环境设计理念，展现了人类根据自身需求而对自然资源实施的改造和取舍；同时也描绘了多种被赋予不同意境的景物时令，反映了自然物态反作用于人类主观意念所引发的思想情感。后者在古代诗词歌赋和书画作品中表达得尤为深入透彻，这也使得对景观的品味成为中国传统文学、艺术中最为重要的题材之一，许多诗词文字因精辟地传达了景观之美而成为千古绝唱，而许多景观也因经名人点评吟诵名扬天下。可以说，文化景观的审美价值在中国历史上早已为人们所关注和鉴赏，并在中国传统文化的形成与发展过程中发挥了极为重要的作用。

二、中国文化景观遗产的类型

人类在长期的历史发展过程中，基于不同的自然条件，根据不同的目的和需要，通过不同的方式，创造和发展出不同类型的文化景观。联合国教科文组织《实施〈保护世界文化与自然遗产公约〉操作指南》中根据文化景观形成的过程将其分为三种类型，即“人工设计和构造的文化景观”“有机演变的文化景观”和“关联性文化景观”，这十分有助于对文化景观的界定和横向价值比较。而另一方面，如果根据文化景观的主题特性来区分，我认为可将其分为城市类文化景观、乡村类文化景观、山水类文化景观、宗教类文化景观、民俗类文化景观、产业类文化景观、军事类文化景观和遗址类文化景观等 8 种类型。

（一）维护持续发展演变的城市类文化景观

城市类文化景观，是经过几个世纪甚至更长历史时期发展演变逐步形成的景观，往往具有明显的地域特征，并呈现出较为清晰的历史文化层递关系，集中代表了不同时期当地在经济、文化、艺术、科学等方面所取得的最高成就。从城市最初的选址到其后的建筑排布、街道布局、水系穿引、区块划分以及向外部的辐射、扩张等，无不反映出特定时空内人们在利用自然条件开辟符合自身需要的生存空间方面最具共性的群体意识和技术水准。

城市类文化景观的形成通常兼具“人工设计”和“有机演变”两种特性，即主观的规划和客观的时代叠压。城市类文化景观的价值在于综合反映了城市独有的文化传统、精神特质以及与特定区位自然环境的互动关系。

北京旧城以其独特的皇城气韵和严整的城市规划，成为一处极具代表性的城市文化景观。7.8 公里的明清北京城中轴线，始终处于驾驭全城的至尊地位，众多重要建筑、广场和道路，或有序安排于轴线之上，或对称布置于轴线之侧，形成空间的韵律与高潮，中轴线两侧的街巷胡同亦相向布局，保持着特有的格局和肌理。整个城市如此大面积对称，产生出无与伦比的超然气度，独具特色的壮美和秩序由此而得以建立，平缓开阔的城市空间由此而得以控制，使城市空间序列严谨、主次明确、层级递进、收放有度，具有强烈的向心力和归属感。紫禁城在皇城、内城、外城的重重护卫下，坐落于明清北京城中轴线的核心位置，而什刹海、北海、中南海的湖沼岛屿所产生的不规则布局，琼华岛白塔和妙应寺白塔所产生的天际线景观以及众多坛庙园林的错落有致，都增强了规则布局和不规则布局的变化与对应。这种总体布局的方正严谨与局部不规整的自然形态，巧为配合，相得益彰，既加强了总体的秩序感和庄重感，也寓自然美于人工安排之中，使人工规划的雄伟与自然环境的柔美和谐地相伴相生，并包容了历史城区最具代表性的人文活动以及多样性的文化空间。

（二）体现土地可持续利用的乡村类文化景观

乡村类文化景观相对于城市类文化景观而言，规模、密度较小，社会结构相对简单松散，人地关系和资源配置在群体生存和发展过程中占主导地位。因此，乡村类文化景观的形成和发展与土地和各类自然资源的可持续利用有着密切的内在联系，其中体现在植被养护、土地利用、水土涵养、捕鱼狩猎等方面的方法、原则无不渗透出难能可贵的生态环境保护科学和理念；而其民居建筑的形式和排列、道路系统的设计、基础设施的分布、宗教和祭祀场所的规制等又深刻反映出乡村的世界观、价值观、伦理道德以及财富和权力分配方式等层面的人文状况。此外，在大自然怀抱内所展现的田园村落格局同时也具有特殊的美感和情趣。

乡村类文化景观同样兼具“人工设计”和“有机演变”两种特性，但是由于不具备经济、文化等方面的强势和吸附作用，在历史演进过程中受外来影响较小，往往更能保留聚落早期的历史风貌和生态特征，并在此基础上衍生出独特的地域文化，这对于维护全球的文化多样性与生物多样性具有重要意义。

“藏羌碉楼和村寨”是中国西南地区规模布局最宏大、保存状况最完整、文化内涵最丰富、遗产环境最优美的文化景观类遗产。如桃坪羌寨依陡峭的山势逐级而建，格局紧凑，房屋相连，巷道纵横，岔道极多，内部仿佛迷宫；对外没有设置城门，而是建成以古碉楼为中心、呈放射状的8个出入口，被称为“神秘的东方古堡”。藏羌碉楼和村寨是藏羌文化与“六江”流域独特的自然地理环境完美结合，是“藏彝走廊”地区多民族文化交流和融合的鲜活例证。该处文化景观在四川汶川特大地震中遭受严重损失，中国政府充分调动各方面力量，及时开展了相关抢救和保护工作，目前已取得了初步成效。

（三）构成丰富审美体验的山水类文化景观

山水类文化景观依托自然风物，其中尤以山峦水系为重，附着了人类长期活动的印记，整体散发出能够引发人们精神和情感上共鸣的独特魅力。同样是人与自然相互作用的结果，但是山水类文化景观所强调的不再是人类对于自然的改造，而是人类心灵对自然的崇尚和皈依。山水类文化景观具有系统性特征，通常是由天空、山水、林木、鸟兽等自然元素，与建筑、碑刻、人类活动、旧闻逸事等各类物质与非物质的人文元素，共同汇聚而成的景观系统。它被融入了人类各种价值理念和审美要求，体现了物质实体和意识形态的完美结合。

山水类文化景观往往同时具有“人工设计”“有机演变”和“关联性”全部三种特性，而对于中国的山水类文化景观而言，“关联性”显得尤为突出，这与中国古代“取法自然”“寄情山水”等生存和艺术创作理念有很大关系，山水的姿态之美与其所承载的丰富文化内涵交相辉映，构成了山水类文化景观最为重要的审美价值。

自然山水和山水园林是山水类文化景观两种最为主要的形式。前者为自然天成，缀以人文元素，展现的是大自然的鬼斧神工以及带给人类的审美体验和精神启迪。

中国广西的桂林山水便是典型的自然山水景观，这里有浩瀚苍翠的原始森林、雄奇险峻的峰峦幽谷、激流奔腾的溪泉瀑布、天下奇绝的高山梯田，这里生活着壮、瑶、苗等10多个少数民族，到处流动着浓郁的民族风情，千百年来一直被公认为山水之美的代表，以桂林山水为题材的美术作品在中国山水画中占有独特的地位，而“漓江画派”更在国内画坛独树一帜。

苏州园林和颐和园则分别代表了中国私家园林和皇家园林的突出成就。苏州园林精巧优美、淡雅简朴、宁静幽远、自然疏旷，被誉为“凝固的诗”“立体的画”，像诗一样的含蓄，像画一样的意远，进而领悟宇宙、历史、人生，达到和谐统一的意境美。颐和园继承了我国历代皇家园林的传统，又大量汲取了江南私家园林的造园艺术精华，兼有北方山川雄浑宏阔的气势和江南水乡婉约清丽的风韵，帝王宫室的富丽堂皇和民间住宅的精巧别致，典型反映了我国皇家山水园林特有的精神追求。

依存与互动——皇家园林保护与世界城市建设的国际对话

（四）营造独特精神氛围的宗教类文化景观

宗教作为一种文化现象，它的形成和文化内涵与地理环境有着直接关系，反过来宗教一旦形成，又会营造出独特的人文景观。宗教类文化景观，就是指在以宗教发展的影响为主导的众多的人文因素作用下形成的文化景观。具体来说，其塑造和演变过程很大程度上与某种宗教的起源、派生、传布、变革乃至衰落、消亡存在直接或间接的因果关联，因而被整体赋予了特定的宗教文化内涵。

宗教类文化景观强调自然审美体验中的情感因素和伦理道德因素，凭借自然地理条件、特殊的建筑规制以及众所周知的宗教背景，形成强大的气场，宏伟庄严，或神秘玄奥，往往可以对身处其中的人们构成强烈的震撼。各类宗教对于自然的理解、对人与自然关系的处理各不相同，因而形成的景观表象也相去甚远，然而对强调信仰的力量这一共性使得宗教类文化景观具备了超出一般文化景观的神圣气质。

宗教类文化景观的“有机演变”和“关联性”特征相对较为突出，这与宗教自身的特点和发展历程有着密切关系。

中国江西的三清山是一处集自然锦绣与道教胜景于一体的文化景观。三清山与道教的渊源可追溯至1 600多年前，至今在方圆不过200多平方公里的核心区域内，保留了230多处道教建筑和遗迹，素有“中国古代道教建筑露天博物馆”之称。在“道法自然”的理念下，众多的古建筑掩隐在崇山峻岭、密林深处，布局依山就势，建筑精巧细致，与自然环境融为一体。2007年，三清山作为自然遗产列入《世界遗产名录》。实际上，其作为文化景观的突出普遍价值尚远未得以尽显。

（五）延续社区传统生活的民俗类文化景观

民俗类文化景观，是指在一定空间范围内，在民俗的兴起、传播和交流融汇的过程中，形成的具有区域特征的文化元素集合，包括居住、迁徙、服饰、饮食、岁时等社会传统习俗以及农业、贸易、手工业、工艺等物质生产方式，依靠习惯势力、传袭力量和心理定式约束，形成物质文化和精神文化的表现。

各种风俗习惯只是民俗文化的外在表现，其内在根源是在一个民族或一个族群的性格、价值观、思维方式和行为特征。这些都与其发源地、定居地的地理环境、资源状况和气候条件等息息相关，因而透过民俗类文化景观可以挖掘出人与自然之间更深层次的联系。此外，在当前经济全球化进程中，增强群体自我意识和文化认同感，是各个国家和民族真实而迫切的要求。民俗类文化景观的价值在于整体收纳了最能体现当地历史渊源的民间文化传统，是最具活力、同时也最难以通过固定其物质形态的方式来进行保护的一种文化景观。

民俗类文化景观应属于有机演变类的文化景观。其中商业领域的“老字号”代表了一种深厚的文化积淀，其集中分布地区呈现出典型的民俗类文化景观。一家老字号通常有数十年甚至数百年的发展史，它们所创造的文化有着古远的历史渊薮和深厚的文化内蕴，是一个地区和城市不可或缺的历史记忆，集中展现出当地的物产和市井文化。

北京前门地区便是此类文化景观的代表，在明代至今的600多年里，虽几经风雨，但是始终作为京城的重要商业街区，名店如云、市声鼎沸，此外，还一直是会馆文化、梨园文化最为发达和繁荣的特色街区。特色商品、民间曲艺与周边的历史遗迹一起，共同形成了前门地区特有的历史风貌，更成为北京人最鲜活的文化记忆，也见证了北京在各个历史时期所发生的深刻变化，是一座鲜活的古今北京民俗博物馆。

（六）见证社会生产力发展和变革的产业类文化景观

产业类文化景观是以社会生产力不同时期在各个领域内发展进步的标志性成果为主导因素构成的文化景观，如工业、农业、商业、畜牧业、渔业、种植业等的发展，都会对地理生态条件存在其特殊的要求，并在此基础上对自然环境实施系统改造，逐步营建出特征鲜明的景观空间，综合反映出一个时代在该领域的意识形态和技术发展水平。同时，产业类文化景观的形成和演进往往与同时期相当规模社会群体的命运密切交织，因而承载了各类精神和情感元素，这使得产业类文化景观的审美价值尤为复杂而深厚。

产业类文化景观同时属于“人工设计建造的”和“有机演进的”两种类型，为社会历史、经济、科学和艺术等方面提供了极为重要的参考。

北京永定河畔坐落着京郊著名的琉璃之乡—琉璃渠村。自元代起为皇家烧造琉璃，700 余年薪火不断，是元、明、清历代朝廷建筑用琉璃构件的最大供应地，中华人民共和国成立后至今依然持续不断地为各类当代重要建筑及故宫等古代建筑的修缮提供琉璃制品。如今，在岁月的风雨中，这处以琉璃文化为根基的琉璃渠村依然保持着古色古香的本色，呈现出独特的琉璃制造产业的文化景观。

（七）反映不同历史时期“战争与和平”主题下人类活动的军事类文化景观

在人类社会的发展进程中，战争与和平交替出现，但是在任何时期，军事活动总是持续不断，而战争始终是军事活动的中心。军事类文化景观，是指军事行动和战争行为所造成的景观。人们把以准备和实施战争为中心的社会活动统称为军事，鉴于军事是一个极为复杂的巨系统，战争的性质、方式、规模以及结果具有多样性，军事类文化景观必然具有多种表现形式。其核心要素可以是各类军事设施，也可以是战争场地，抑或是行军路线，其周边的自然环境通常具备战略方面的特殊意义，因而整体构成一个有机的景观系统，反映出当时的军事架构、谋略思想及战事状况。

中国的万里长城是著名的古代军事防御设施，它绵延在崇山峻岭之间，构成了气势磅礴的军事类文化景观。此外，重庆钓鱼城是一处创造古代战争史奇迹的军事要塞，是迄今我国保存最完整的古战场之一。在方圆 2.5 平方公里内，现存有 8 公里城垣、8 道城门，这些城垣和城门皆凭借陡峭的山崖或隘口修筑，内外遍布炮台、栈桥、暗道、码头、作坊、帅府、军营等南宋军事及生活设施遗址。同时，城内拥有耕地千亩以及完备的给排水系统。这一攻守兼备的古代军事要塞是古代以山地修筑防御工事进行山地防御战争的光辉典范，并已成为当代著名的军事类主题的观光胜地。

（八）记录已消失人类文明印迹的遗址类文化景观

与上述7种文化景观类型的提出有所不同，遗址类文化景观主要是针对处于主导地位的景观要素的特殊存在状态而言，它是指由在历史学、人种学或人类学等方面具有突出普遍价值的人类工程或自然与人类联合工程的遗存残迹所主导的考古文化空间。遗址类文化景观是唯一一类非活态文化景观，其前身可以是任何一类主题的文化空间，但是已湮灭在历史长河中，现存的遗迹已丧失了功能延续和结构有机演进的内在活力，呈现出静止而沉寂的状态。

除了作为历史上某段文明残存至今的物质佐证之外，考古遗址与其周边的自然背景同样也可以构成完整的景观体系，它的审美价值既来自遗址自身所独具的独特形态，同时也来自它投射在人们脑海中模糊而支离的历史影像。

元上都遗址是内蒙古草原上一座大型古代都城遗址，是13—14世纪农耕文明与游牧文明融合的产物。元上都遗址南临上都河，北依龙岗山，周围是广阔的金莲川草原，形成了以宫殿遗址为中心、放射状分布的总体规划格局。保存良好的宫城、皇城、外城城墙，整齐对称的街巷、错落有致的建筑遗迹，体现出一个高度繁荣的草原都城的宏大气派，连同周围良好的草原自然生态，成为一处具有高度科学、艺术和审美价值的古遗址文化景观。

三、中国文化景观遗产保护探索

20世纪90年代以来，国际上关于文化景观遗产保护相关的理论研究和实践活动得到持续不断的开展。中国在该领域的探索始于近5年，相关活动主要包括以下几个方面。

（1）确立文化景观遗产价值评估体系，将认识、研究和保护文化景观遗产作为新时期文化遗产保护的一项新举措提升至国家层面，加以推广和深化。

通过文化景观遗产的价值研究，认清文化景观遗产核心价值是实施保护的前提，需从历史、科学、文化和艺术等不同角度，建立起文化景观遗产价值评估的理论框架，高屋建瓴地进行分析判断，以宏阔的文化视野，解析不同类型文化景观遗产的历史意蕴和文化价值以及它们在人类发展的时空中和历史文化的长河中存在的必然性，探索不同类型文化景观遗产对当代以及后世所具有的深远影响。

文化景观遗产的内涵超越了以往单体不可移动文物以及考古遗址的范畴，其所包括的物质层面，小到单体不可移动文物，大到田野、山川、河谷等地理区域，同时还涉及非物质文化遗产的要素。因此，传统意义上对建筑物群、历史园林、考古遗址等文化遗产的价值评估，并不完全适用于文化景观遗产。不仅需要对文化景观遗产的布局、形式、材料的价值进行确认，而且应该包括对于那些具有功能延续的传统社区和区域中保持的文化价值进行确认。

2010年4月，国家文物局在无锡举办了文化景观保护论坛，通过现场的学术研讨及会后的媒体宣传，正式将文化景观遗产保护在全国范围内进行宣传和倡导。

（2）全面梳理我国的文化景观遗产资源，分析其所面临的风险和压力，整体把握其变化趋势，及早提出保护策略。

2007年4月，国务院发布《关于开展第三次全国文物普查的通知》，正式启动了全国文物普查。伴随着文化景观遗产领域新的概念不断涌现，也必然伴随着不懈的寻访、调查、研究和整合。这里既包括大型古代城市遗址、乡土建筑遗产和商业老字号遗产等过去虽然有所关注但是重视不够的文化遗产类别，也包括工业遗产、线性文化遗产和20世纪遗产等文化遗产领域的新成员。文化景观遗产在新的时期面临着来自社会变迁、生态恶化、建设开发等种种压力和威胁，如不加以及时有效的保护，将不可避免地走向变异和消亡。当前需要不断扩大文化遗产保护的专业视野，借鉴成熟的国际文化景观遗产保护经验，全面、多维地展现我国文化景观遗产的非凡气质，以更加“整体的观念”开展对文化景观遗产的综合研究，以更加“超前的视野”对待新时期文化遗产学科的发展，从整体上提升我国文化景观遗产保护水平。

（3）积极开展重要文化景观的保护工作，包括编制文化景观遗产保护专项规划，将文物本体、自然环境两者间的有机联系以及与之相关联的传统文化习俗同时作为保护对象，建立综合的社会保障体系，使景观要素得到完整保护。

制定科学的文化景观遗产保护规划，需要对文化景观遗产区域以及相关地区的地质、地理、水文、植被、历史、人文等，开展深入的科学考察和综合性研究，探讨历史上以及近数十年来自然与文化环境的演变趋势，为科学制定文化景观遗产保护规划提供依据。文化景观一旦失去系统性、整体性，其中的单体景观元素的价值，也必将大打折扣。因此，在保护规划中对于山体、水面、洞壑、岛屿、植被、道路、建筑必须有一盘棋的考虑，从谋求可持续发展和实现整体审美效果的角度予以统一安排，并综合考虑区域内的社会功能、社区结构和视觉完整性。文化景观遗产保护规划中，“整体保护”既包含完整保护文化景观遗产本体及其环境，也包含了文化遗产保护与遗产地和谐发展的规划目标，即实现文化景观遗产及其背景环境的整体保护，持久保存全部历史信息，合理利用和充分展示其文化价值。

（4）探索文化景观遗产保护的创新途径。

在中国现有的管理体系下，保护文化景观遗产可以通过对历史文化名城及名村名镇、历史街区、风景名胜区、大遗址等的保护来实现。这些途径的建立是在文化景观概念建立之前，但是其指导思想和保护原则部分地与文化景观的保护需求相吻合，因而可以通过强化保护和管理某些方面的特殊要求来达到景观整体保护的目的。在此基础上，还应针对各种不同类别文化景观的特点和景观要素的历史发展规律建立专门的文化景观遗产保护工作机制。

文化景观遗产成就于古今，散布在天地，是人类在大自然有限的时空内，发挥无限的想象与创造力成就的作品。保留住这些杰作便是保留住了自然与人类的共同记忆，我们将为此而不懈努力。

关于加强对外文物交流提高中华文化国际影响力的提案[1]

（2011 年 3 月）

长期以来，对外文物展览一直是中外文化交流中最有影响、最受欢迎、最具特色、最富实效的活动。近年来，对外文物展览数量逐年增长，水平不断提升，影响逐步扩大，被誉为中外文化传播与交流的“国家名片”。出境文物展览不仅向世界人民介绍博大精深的中国古代文化对世界文明曾经做出的巨大贡献，展现改革开放给当代中国带来的深刻变化，提升我国的国际形象，同时用文物无可辩驳地说明中华民族自古以来就是一个疆域广阔、资源丰厚、历史绵延不断的统一的多民族国家，在捍卫领土完整、维护祖国统一、增进民族团结等方面发挥着无可替代的重要作用。

作为我国专门从事文物展览交流的机构——中国文物交流中心成立于 1971 年，是在当时特定历史条件下，由周恩来总理等老一辈国家领导人为推动“文物外交”而设立。1973 年由郭沫若、吴庆彤、王冶秋等亲自组织《中华人民共和国出土文物展览》，历时 6 年，赴数十个国家巡展，开启了我国文物交流与合作之先河。

随着我国的改革开放，文物交流得以不断深入和发展。中国文

① 此文为在全国政协十一届四次会议上的提案，联名提案人：詹祥生、王霞、王书平、王立平、龙瑞、田青、冯英、尼玛泽仁、朱乐耕、仲呈祥、刘敏、杜滋龄、李素华、杨力舟、吴玉霞、宋春丽、宋祖英、张健、张海、张会军、张国勇、张学津、阿拉泰、陈力、陈醉、陈祖芬、林文增、赵维绥、侯露、姜昆、秦百兰、耿其昌、贾平凹、夏燕月、徐翔、郭瓦加毛吉、黄宏、黄济人、董良翚、于魁智、马博敏。

物交流中心成立40年来，共举办了159个对外文物展览，遍布世界五大洲30多个国家和港、澳、台地区，观众人数超过5 000万人次。2004年，国家文物局又赋予中国文物交流中心更多的职能和任务，其在国际文化交流与交往中的纽带和桥梁作用日益显现。同时，文物交流也面临前所未有的挑战，存在的两个主要矛盾大大影响和制约了文物交流工作的可持续发展。

（1）承担政府公益性项目与自收自支事业单位体制的矛盾。中国文物交流中心目前属于自收自支事业单位，自主经营，自负盈亏，无法保证中国文物交流中心履行公益性职能，增强了企业体制的唯利性，束缚了履行公益职责的能力。另一方面，中国文物交流中心又必须无条件服从国家外交大局和文化战略，从政治高度承担和完成好政府公益性项目，政府公益性项目不允许盈利，无疑增加了整体运营成本，同时也在一定程度上影响到中国文物交流中心职工的积极性、主动性和创造性。

（2）文物交流缺少专项经费保障，社会效益和经济效益难以兼顾，矛盾突出。自我国文物展览走出国门以来，由于国家财力所限，数额不菲的办展经费多为外方投入，形成赴发达国家展览多，赴发展中国家展览难以深入的局面，2008年以前，赴非洲展览数为零。这一状况导致的另一个弊端就是我方主动权和话语权很少，甚至只能依外方意向行事。相对于我国经济快速发展和与国际间轰轰烈烈的经济贸易交流，目前我国文物交流工作的投入与日益强大的综合国力不成比例，与作为文化遗产大国应有的国际地位不相协调，文物交流经费的不足，将会助长片面追求经济效益，忽视社会效益的思想和做法。

为加强对外文物交流，提高中华文化国际影响力，同时有利于促进中国文物交流中心持续健康发展，建议如下。

（1）建议中央机构编制委员会办公室调整中国文物交流中心为全额拨款事业单位，从而强化其公益性社会职能。以中央财政做支撑，切实履行对外文物交流工作要“为外交大局服务、为对外文化交流服务、为文物事业服务”的宗旨，认真完成政府间展览项目、国家领导人高访项目、“文化年”及“友好年”展览项目，逐步实现和提高文物交流的主动权、话语权，为配合国家外交、对外宣传工作发挥重要作用。

（2）建议财政部在国家文物保护专项补助经费中设立“中国文化遗产交流”项目资金，保证每年适当的专项财政补助，支持开展文物展览对外交流战略和规划研究，有计划、有步骤地组织赴发展中国家的对外文物展览，改善文物交流在发达国家和发展中国家严重失衡的现状，推动古老的东方文明走进世界的每一个角落，让世界更多、更好地了解中国，进一步扩大中华文化的国际影响力。

全国文物外事工作会议

关于加强文化遗产领域对外援助工作的提案①

（2011 年 3 月）

对外援助工作是我国对外关系的重要方面。随着国家经济社会发展水平的不断提高，我国对外援助工作有力地维护了地区和世界和平稳定，增进了与广大发展中国家的友好关系，提升了我国的国际地位。文化遗产领域的对外援助工作是我国对外援助工作的重要组成部分，关系到我国外交大局和文化安全，工作特点鲜明，内涵深刻，具有“项目实、投资少、见效快”的特点，在整个对外援助工作体系中扮演着不可替代的重要角色。

近年来，在外交部、商务部等有关部门的大力支持下，我国在周边国家和地区开展了一些文化遗产领域的对外援助工作，取得了显著成果。世界文化遗产柬埔寨吴哥古迹周萨神庙的保护修复工程，是我国政府首次大规模参与的文化遗产保护国际合作项目，受到了党和国家领导的高度关注。该项目历时 10 年，圆满完成了既定目标，基本恢复了周萨神庙原有建筑格局和艺术风貌，赢得了柬埔寨政府、国际组织以及各国同行的高度赞誉。蒙古国博格达汗宫保护修复工程的实施，有效改善了博格达汗宫门前区文物本体和环境景观的保

① 此文为在全国政协十一届四次会议上的提案，联名提案人：詹祥生、王霞、王川平、王书平、王立平、王兴东、龙瑞、田青、冯英、尼玛泽仁、朱乐耕、仲呈祥、刘敏、杜滋龄、杨力舟、吴玉霞、宋春丽、宋祖英、张健、张海、张会军、张国勇、张学津、阿拉泰、陈力、陈醉、陈祖芬、林文增、赵维绥、侯露、姜昆、秦百兰、耿其昌、夏燕月、徐翔、郭瓦加毛吉、董良翚、于魁智、马博敏。

护状况，我国专业人员的科学理念、精湛技艺和良好作风，受到蒙古国政府的肯定和赞赏。我国先后举办了多期文化遗产保护方面的专业研修班，培养来自亚洲、非洲和拉丁美洲地区 10 余个国家文化遗产管理和博物馆的专业人员 130 余名，很多学员毕业回国后，已经成为各自国家文化遗产保护方面的骨干力量。这些工作的开展，极大地扩展了我国对外援助的广度和深度，树立了我国负责任的文化遗产大国的良好形象。

目前，我国对外援助工作面临着新形势和新机遇，文化遗产领域的对外援助工作方兴未艾。在有关部门的支持下，今后将陆续开展我国和中亚五国联合申报丝绸之路世界文化遗产项目、援助世界文化遗产柬埔寨吴哥古迹保护修复二期工程茶胶寺项目、援助蒙古国博格达汗宫二期工程、援助蒙古国仰佛石刻群及辽塔保护修复工程、我国与肯尼亚合作水下考古项目、我国和巴基斯坦合作考古项目以及面向发展中国家的专业人才培训工作等。

但是，文化遗产领域援外工作是一种特殊的文化交流形式，不同于经济建设领域普通的基础设施援助工程和一般性劳务输出项目，一般采取合作方式，并由我方承担项目工作经费。在现有援外体制机制和经费管理方式下，文化遗产援外项目申请难度大，经费难以落实，极大地限制了相关工作的开展，直接影响到我国文化遗产领域对外援助项目的持续性和影响力。

为进一步促进我国文化遗产领域对外援助工作的深入开展，有如下建议。

第一，建议财政部进一步加大对文化遗产领域援外工作的投入和支持力度，设立文化遗产援外专项经费，为相关项目的顺利实施提供经费保障。同时，进一步加大对中亚考古、东南亚考古等文化遗产领域对外援助项目前期工作的经费支持力度，为今后相关项目的开展奠定坚实基础。

第二，建议由商务部牵头，尽快研究制定具有针对性和可操作性的文化遗产援外项目管理办法，进一步明确相关项目申报、审批、检查、验收等程序和要求，加强组织管理，确保我国文化遗产援外工作的高质量和高水平。同时，调整我国文化遗产领域对外援助工作的方向，以周边国家为主，以我为主，增强我国对外援助工作的主动性。

第三，建议国家文物局进一步做好国外文化遗产保护信息搜集和资料整理工作，及时掌握周边国家和地区的文化遗产保护工作基本情况、主要成果和最新动态等，积极了解其他国家文化遗产保护方面的实际需求，研究分析开展相关援外项目的可行性，建立起我国文化遗产保护领域援外项目储备库，使我国援外项目更具计划性和延续性，不断扩大援外工作的影响力。

在会见佳士得（克里斯蒂）拍卖行帕特丽夏·巴比泽董事长时的谈话

（2011年4月6日）

会见英国佳士得公司董事长一行

欢迎佳士得拍卖行帕特丽夏·巴比泽董事长来华访问，此前约翰·桑顿已就约见事宜派代表李雨灿先生进行了很好沟通，国家文物局对佳士得方面希望改善与中国文物博物馆界关系的愿望和态度表示欢迎。

中国自20世纪90年代中期建立文物拍卖制度以来，各级文物行政部门立足自身实际，积极履行《中华人民共和国文物保护法》

及其实施条例、《中华人民共和国拍卖法》等法律法规赋予文物行政管理部门的职责，从文物拍卖企业资质审批、文物拍卖标的审核备案、文物拍卖企业资质年审和文物拍卖专业人员培养等关键环节入手，建立了较为完善的文物拍卖市场准入、监管和退出制度，促进了文物拍卖市场的发展。近 10 年来，中国文物艺术品拍卖市场取得长足发展，市场规模不断扩大，拍卖经营活动日趋活跃。

截至目前，中国国内文物拍卖企业已达 257 家。2009 年总成交额 213 亿元人民币，2010 年为 314 亿元。2010 年中国拍卖（包括房地产、机动车等）业成交总额超过 5 000 亿元，文物艺术品的贡献率 4.92%，接近 5%。单品文物艺术品成交纪录也在不断被刷新，2009 年超百万元拍品 1 245 件、超千万拍品 89 件、超亿元拍品为 4 件；2010 年超百万元拍品 13 466 件、超千万拍品 345 件、超亿元拍品 11 件。中国内地文物拍卖企业的竞争力和影响力大幅度增强。2010 年，中国嘉德、北京保利、北京翰海、杭州西泠、北京匡时、中贸圣佳、北京华晨、北京荣宝等八大拍卖公司共成交 242.54 亿元，较 2009 年的 86.67 亿元增长了 2.8 倍，占文物艺术品总成交额的 77%。

众所周知，佳士得与中国文物博物馆界的紧张关系，缘于 2009 年 2 月，佳士得不顾国家文物局的劝阻和中国民众的强烈反对，执意拍卖圆明园海晏堂十二生肖中的鼠首、兔首。不仅如此，其持有人皮埃尔 · 贝杰还悍然发表有关中国人权及西藏问题的言论，遭到中国各界在内的国际社会的谴责。国家文物局认为佳士得执意拍卖被劫掠的圆明园文物，违背了相关国际公约的精神和文物返还原属国的国际共识，损害了中国人民的文化权益和民族感情，将对其在中国的发展造成严重影响。

中国政府对待非法出境文物的基本态度是明确和一以贯之的。①中国国家文物局不承认对被劫掠文物的非法占有，并将继续依照相关国际公约和中国法律规定，通过一切必要途径追索历史上被盗和非法出口的文物。②中国国家文物局坚决反对并谴责所有拍卖非法出境文物的行为和借历史事件、民族情感宣传拍卖品、牟取不正当利益的行为。③中国国家文物局不赞成境内机构和个人参与竞拍、购买任何被掠夺、被盗或非法出口的中国文物。同时，明确规定被盗掘、走私或非法掠夺的中国回流文物不得进入中国文物拍卖市场。

我们对佳士得有意将曾经拍卖过的圆明园鼠首、兔首买下并归还中国的意愿持欢迎态度，希望佳士得尽最大努力落实；并愿意就对方协助中国流失境外文物中的重要文物归还问题进行进一步磋商；关于签订谅解备忘录和开展其他合作事宜，可以在会后与我的同事具体商议。

在与秘鲁共和国文化部签署谅解备忘录仪式上的讲话

（2011 年 4 月 28 日）

首先，我谨代表中国国家文物局，热烈欢迎秘鲁文化部代表团来华访问，非常高兴和秘鲁文化部长阁下在这里签署《中华人民共和国国家文物局与秘鲁共和国文化部关于在文化遗产保护、保存及归还和博物馆发展领域的合作与培训的谅解备忘录》。

2000 年 3 月 30 日，时任中国外交部长的唐家璇先生和秘鲁外交部长费尔南多·格兰达先生代表中秘两国政府在北京签署了《中华人民共和国政府和秘鲁共和国政府保护和收复文化财产协定》。秘鲁是中国第一个签署此类双边协定的国家，也是为更好地执行并依据双边协定而签署此类谅解备忘录的国家。为加强中秘两国在文化遗产保护与合作，积极推动防止盗窃、盗掘和非法进出境文化遗产的工作，中秘两国文化遗产部门再度密切合作，在这里签署谅解备忘录。

由于受到国外文化艺术品和文化拍卖市场高价位的吸引以及国际古董商非法收购等众多因素的影响，文物走私案件屡禁不止，这给包括中国在内众多国家的文化遗产带来难以估量的损失。保护文化遗产，防止非法盗窃、贩运和走私文化财产，促进被盗文物返还原属国，是人类道德、正义和文明发展的必然，也是国际社会的共识和期望，更是各国政府义不容辞的神圣责任。

在国际公约的框架下，截至目前，中国政府已经先后与秘鲁、印度、意大利、菲律宾、希腊、智利、塞浦路斯、委内瑞拉、美国、澳大利亚、埃塞俄比亚、土耳其和埃及等13个国家签署了防止盗窃、盗掘和非法进出境文物的双边或部门间协定，协定的签署有利于加强中国政府和外国政府在打击盗窃、盗掘和非法进出境文物方面的合作，深化政府间的文化交流与合作，共同打击文物犯罪活动，受到国际社会的瞩目。

会见澳大利亚驻华大使

中秘两国都有着悠久的历史、丰富的文化遗产，都曾为世界创造了伟大的文明，也同样拥有丰富的文化遗产资源，我们的文化遗产在历史上都曾遭受过疯狂的劫掠，当前我们都承担着保护文化遗产的历史使命，都面临着保护与发展的共同课题。近年来，中秘两国文化遗产主管部门在文化遗产领域的交流与合作方面成就斐然，今天，中秘两国文化遗产的同行再度聚集在一起，我充分相信两国的文化遗产主管部门从此合作更加密切，联系更加紧密，在博物馆交流、文物科技保护、人才培养等领域继续保持更加密切的合作，这不仅是为我们两国的文化遗产，也是为了我们共同的责任和义务，我愿意和秘鲁同行们一道，为共同保护、传承人类文明的成果，共同推动人类文明的和谐发展而努力！

马丘比丘历史圣地

在中国清代铁香炉及汉白玉底座捐赠仪式上的讲话

（2011 年 5 月 10 日）

荷兰驻华使馆赠还清代铁香炉及汉白玉底座仪式

我谨代表中国国家文物局，热烈欢迎荷兰副首相代表团来华访问。非常高兴与副首相阁下共同出席中国清代铁香炉及汉白玉底座捐赠仪式。

文物是一个国家悠久历史的实物见证，是一个民族古老文明的形象载体，是联系历史与现实的血脉。荷兰驻华使馆今天向北京市文物局捐赠清代铁香炉，显示了荷兰王国珍视中国古老文明、保护人类共同的文化遗产的愿望和决心。

中荷两国都有丰富的文化遗产。近年来，两国在文化交流，特别是在文物保护等领域有着良好的合作。借此机会，我对荷兰副首相阁下出席并见证中国清代铁香炉及汉白玉底座捐赠仪式表示衷心的感谢，向荷兰驻华使馆为促成清代铁香炉捐赠给北京市文物局表示诚挚的谢意！

愿中荷两国在文化遗产保护等领域的交流与合作进一步深入，取得更大的进步！

在会见国际文化财产保护与修复研究中心布什纳吉主任时的谈话

（2011年9月19日）

非常高兴再次在美丽的苏州古城与您见面。国际文化财产保护与修复研究中心（ICCROM）作为国际文化遗产领域最重要的国际组织之一，长期以来，在推动文化遗产领域的国际合作、提高世界各国的文化遗产保护水平等方面，开展了大量卓有成效的工作。特别是在您担任总干事期间，中国与国际文化财产保护与修复研究中心的关系不断加强，不仅中国的文物保护专业人员有机会参加国际文化财产保护与修复研究中心举办的各类培训班，中国政府也与国际文化财产保护与修复研究中心合作举办了一些培训班。

2009年，国家文物局与国际文化财产保护与修复研究中心合作，在北京中国文化遗产研究院举办了“预防性保护：博物馆藏品风险防范培训班”，19位来自中国和孟加拉国、印度、斯里兰卡、蒙古、巴基斯坦、菲律宾、泰国、也门、尼泊尔等10个亚太地区国家的学员参加了培训班。2011年3月，国家文物局与国际文化财产保护与修复研究中心合作，在苏州举办了世界遗产监测与管理国际培训班，来自亚美尼亚、伊朗、新西兰、波兰、俄罗斯、斯里兰卡以及中国香港和内地的22名学员参加了培训。通过举办这两个培训班，中国加强了和国际文化财产保护与修复研究中心合作，为国际文化遗产保护事业贡献了自己的一份力量。

会见俄罗斯文化部副部长

为进一步密切与国际文化财产保护与修复研究中心的合作关系，中国政府希望能与国际文化财产保护与修复研究中心开展更加长期的合作。2011 年 8 月底，我曾给您写信，向您通报中国政府希望与国际文化财产保护与修复研究中心开展的合作，很快就得到了您的积极回应。非常感谢！今天，我想利用这个机会向您详细谈谈我的想法。

关于与国际文化财产保护与修复研究中心合作举办五年期的“预防性保护: 藏品风险防范培训班”和“世界遗产检测管理培训班”。“预防性保护：藏品风险防范培训班”旨在介绍藏品保护的风险管理方法。风险管理的防治对象不仅是少数重大灾难，还包括缓慢持续的诸多危险因素以及介于两者之间的所有风险。它是一个涵盖藏品可能发生的所有损坏的综合性概念。课程包括回顾风险管理的内涵和它在文化遗产领域的各种应用。学员们将学习如何评估博物馆和档案馆藏品的风险，并将所学应用于实际案例。通过课程将该领域的前沿科研成果进行介绍和推广。“世界遗产检测管理培训班”旨在介绍世界遗产监测管理的现状、动态和方法，包括保护的国际背景和当前趋势，重新界定“遗产”，提出保护方法；遗产的规划管理，对遗产规划和国家、地区、遗产地分级管理的评估；世界遗产的重大议题，例如对遗产突出普遍价值的保护；遗产地的监测和维护等。这两个班每年各举办一期，将主要面向亚太地区上述领域的专业人员，同时，考虑到部分发展中国家对于提高专业人员在此领域的工作水平有非常迫切的需求，但缺乏相应的经费，我们还考虑每个班提供 5 个免费名额。

关于印刷 1 000 册《国际文化财产保护与修复研究中心五十年发展史》。国际文化财产保护与修复研究中心在它的第一个 50 年中所取得的成绩有目共睹，回顾和总结 50 年的历程对于国际文化遗产保护工作今后的发展具有十分重要的意义。因此，国家文物局将与国际文化财产保护与修复研究中心的同人配合，做好印刷、运输工作的安排，争取在第 27 届大会前能交付国际文化财产保护与修复研究中心。

在 2011 欧亚经济论坛开幕式上的致辞

（2011 年 9 月 23 日）

欧亚经济论坛文化分会

欧亚经济论坛 文化遗产保护和旅游发展分会

金秋时节，我们相聚在历史悠久的文化名城西安，共同探讨欧亚经济合作、促进相互发展的大计。西安是一座留存有丰厚人类文化遗产和洋溢着东方传统文化魅力的国际都市，置身于此的所有人士，都能够切实感受到她的文化精髓和历史震撼。

文化遗产是各国和各民族悠久历史的见证，是民族智慧的结晶、民族精神的象征，是民族生命力和创造力的重要体现。保护好、传承好、利用好、发展好这些文化遗产，不仅对于增进民族团结、维护国家统一具有不可替代的作用，而且对于维护社会稳定、推动和谐发展，具有十分重要的意义。

中国政府高度重视文化遗产保护，将其提升到传承中华文明、维护世界文化多样性、促进社会可持续发展的战略高度加以推进，持续加大经费投入，不断完善管理机制，提高保护和利用水平，取得了世人瞩目的成就，尤其是在文化遗产领域的国际交流与合作中，为丰富国际文化遗产保护理论做出了积极贡献。

中国已经加入《保护世界文化和自然遗产公约》等6个国际公约，与包括亚洲和欧洲在内的众多国家签署了关于防止盗窃、盗掘和非法进出境文化财产协定或谅解备忘录；成功举办世界遗产委员会第28届大会等一系列重要国际会议，形成了众多重要国际性文件；积极实施文化遗产保护对外援助和国际合作项目，开展面向非洲、亚洲及阿拉伯地区文物保护人员培训，对维护世界文化多样性、促进国际文化遗产保护发挥了重要作用。

欧亚地区自然资源丰富，市场潜力巨大，文明丰富多彩，自古以来双边、多边交流十分活跃，“丝绸之路”曾经扮演着沟通东西方之间经济、文化交流重要桥梁的角色，成为世界上最长的陆上经济商贸之路、文化交融之路、科技交流之路，将古代的中华文化、印度文化、阿拉伯文化和古希腊、古罗马文化连接起来。

在悠远的历史长河中，中国的丝绸、茶叶、瓷器和以四大发明为代表的中国古代发明创造，沿着“丝绸之路”源源不断地流向中亚、欧洲各国；而亚欧各国的数学、医药、天文学以及宗教等异域文明，则传输到中华大地。更为可贵的是，在漫长的文化线路上，遗留下一串串璀璨夺目的文化遗产，成为亚欧友好交流的生动见证。这些珍贵的文化遗产超越国界，不仅属于中国和亚欧各国，也是人类共同的宝贵财富。

中国政府十分重视“丝绸之路”沿线文化遗产保护及申报世界文化遗产。早在 1994 年，就将“丝绸之路”中国段列入世界文化遗产预备名单。近年来，进一步加大投入，通过大遗址保护等形式，实施重点文物抢救保护工程，使文物本体得到有效保护和维修，周边环境得到持续改善和治理，取得了阶段性成果。在联合国教科文组织世界遗产委员会的倡导下，我们也积极与中亚各国加强沟通与合作，共同推进“丝绸之路”跨国联合申报世界文化遗产。

本届论坛期间，将由陕西省政府与国家文物局联合主办文化遗产保护与旅游发展分会，共同为践行本届论坛“创新欧亚合作，共享转型机遇”的主题贡献积极力量。

在世界运河城市市长论坛的主旨演讲

（2011 年 9 月 26 日）

又是一年丹桂飘香之际，我们再次相聚在美丽的扬州。自 2007 年以来，来自世界各国运河名城和 35 个中国大运河沿线城市的专家、代表们一年一度在这里相聚，共议运河资源保护利用与运河城市可持续发展等共同关心的话题。世界运河博览会已不仅成为各运河城市宣传推介自我的平台，更成为运河城市之间缔结友好、增进交流、建立沟通、构筑合作的桥梁。作为世界运河博览会重要组成部分的“运河论坛”更是思想交流与碰撞的前沿。我相信，今年的论坛必将又是一席回味无穷的文化盛宴。

城市像一本打开的书，每天都有很多人在通过不同的视角阅读。城市积淀着丰厚的文化底蕴，承载着人类文明的精华。从这个意义上说，城市本身就是文化遗产。作为一名文化遗产保护工作者和城市规划师，我想借此机会谈谈城市现代化进程中科学保护和合理利用文化遗产，让设计使得城市，特别是运河名城的古今文脉相连的话题。

一、城市设计的溯源记忆及带给文化遗产的影响

城市的形成，从选址、设计、早期发展到历代建设，城市文化特色与之共生并逐渐变得鲜明而丰厚，这些成长信息被大量地保留和记录在了文化遗产之中。城市类文化景观是经过几个世纪，甚至

更长的历史时期发展变迁而成，往往具有明显的地域特征，为广大民众所熟悉，反映着文化与自然的和谐关系，具有重要美学价值。

一座有品质的城市应该具备合理的规划和设计，既有城市的宏伟气魄和壮丽图景，更有居住者与自然的身心契合，可以让人诗意地栖居。而千百年来，在最初进行城市规划建设时，我们的先辈们就已经注意设计城市与自然及人的结合。

古都南京，自公元229年建都，营造建业城于鸡笼山南，背倚玄武湖，面朝秦淮河，以长江及石头城为藩屏，并开城东渠以通秦淮，四周山丘环抱，河湖萦绕散布，城市与自然地形巧妙结合，表现出筑城的高超技法。明代南京城市与自然环境的结合更为突出，城墙与外郭城垣形态，顺应山峦湖泊、水系等地形，蜿蜒于山水之间，在继承我们历代平原城池的方正传统基础上，吸取自然精华，做到人文与自然的完美结合。

杭州自公元591年建城以来，先置城垣东临盐桥河，西濒西湖，南达凤凰山，北抵钱塘门；继而东划胥山于城外，西包金山、万松岭于城中。经过历代持续发展，逐渐将西湖及周边山川纳入城市，在西湖区域修堤建桥、设庙布塔，形成“三面云山一面城”的城市文化景观和周围两山、三塔、三岛、十八桥的西湖美景。

在古代城市的形成和发展中，利用设计的灵感，结合文化观念的方式，极为广泛而显著，并成为独具特色的基本因素，揭示出历史性城市的哲学与美学价值。

被列入世界遗产名录的平遥古城是我国保留至今最为完整的明清古城，从平遥古城的整体建制到历史城区街巷肌理，从外围的城墙到内部的传统建筑，从现存的民居到遗留的古店铺，都讲究方正端庄、泾渭分明，并从语言、艺术、生活习俗、伦理关系、生存智慧等各个角度集中呈现出我国北方传统文化特征，同时完整保存着晋商文化兴起和衰落的珍贵历史遗迹。

纵观人类文化历史脚步，城市是人类文化精华的载体。每一座城市的个性化的自然空间、人文景观和历史遗存，都具有文化资源意义。每一座城市都应该“讲述自己的故事”。城市故事是城市今天的借鉴。德累斯顿号称“德国最美的城市”，大部分建筑都是黑白斑驳的颜色，黑色记录了这个城市曾经的伤痛，而白色代表了德累斯顿人不惜一切恢复城市记忆的荣耀，“美”与“美的毁灭”两大体系在这个城市并存。

我国也有类似圆明园这样“美”与“美的毁灭”并存的城市故事。这些都是我们将城市文化理想升华的凭证。圆明园在保护好山形水系的基础上，通过系统的考古发掘工作，将古代遗址清理展示，成为国家考古遗址公园。

二、城市化加速发展进程中如何提升城市的文化理想

在全球化和城市化的今天，城市能不能保持独具的城市文化特色，发扬城市优秀文化传统，实现城市新的文化理想，这是一个艰难的行程，也是一片广阔的天地。中国是世界上拥有历史性城市最多的国家。在长期的文化遗产保护和城市文化建设实践中，创造了“历史文化名城”这一具有中国特色的保护制度，扬州就是首批历史文化名城。至今，以国家名义核定公布的历史文化名城已经超过100座，在国家经济、政治、文化和社会生活中发挥着日益广泛的影响。每一座历史文化名城都积淀着昨天的文化底蕴，实现着今天的文化理想，迎接着明天的文化辉煌。而历史文化名城更加受到经济、政治、文化、社会和环境发展及转型的综合影响与相互作用。

拥有文化内涵及历史视野的城市决策者，都应该懂得珍惜每一处具有人文价值的历史城区、传统建筑以及文化街区。人们通常以现代化发展、生活方便快速和改变历史城区“落后现状”等理由来为破坏辩解。但是，不能打着“现代化改造”的旗号，以毁灭珍贵的历史文化遗存和景观为代价，来换取现实的经济利益。我们不能忽视，那些饱含沧桑的古城的每一处角落，它们正是城市独具特色的文化财富。

今天，几乎任何城市的建设都不可能从“白纸”上开始，而是在城市中建设城市，用文脉延续的手法融合各类已有的城市空间，使新旧城区共同组成和谐的整体。融合的过程就是有序演进的过程，来自对于城市发展动态、生长和变化特性的认识。新老城区之间虽然有明显的时间梯度印痕，但是只要建筑尺度和城市设计层面上的街廓单元控制得好，就能够给人们呈现出丰富多样、统一而有变化、有序而多元的整体感，就能把握好尺度均衡和创新性的关系。历史城市的发展强调的正是这种城市空间的连接和融合，表现在历史与未来、城市空间与自然环境、人与建筑以及建筑与建筑的对话上，通过对话、融合创造出宜居的城市文化空间。

“城市复兴”，是面对挑战及抓住机遇的一种积极回应，召唤出一种巨大的创造力，满足艺术、科学、教育、环境、经济、技术、文明建设和社会发展等各领域的需要，并从各个不同的方面，全方位改善人们的生活，给世界带来满园春色。这样的城市复兴拥有巨大的潜力，能够以和平的方式来改变人类的生存状况和世界体系，它的主要做法便是把人类从一个以物质主义和市场为主导思想的时代解放出来，迈进一个以人和人类幸福以及环境福利为主导思想的时代。在文化遗产保护和城市文化延续的前提下重新审视城市的功能，虽然可能延缓城市发展中某些短期行为，但是获得的却是城市的恒久价值。

近些年来，我国城市化进程明显加快，作为现代化程度衡量指标之一，城市化无可厚非。只是，当前许多正处于激情发展的城市，包括众多具有悠久文化传统的历史性城市正处于整齐划一的无设计状态中，渐渐失去了与其他城市的区别，“千城一面”会使城市失去其固有的文化特征，也失去城市的“根”与“魂”。

人们看到，不少城市的规划设计渐趋相同面貌，追求大规模建筑群和大体量建筑物，旧城开发造成建设性破坏，建筑设计缺少文化内涵，设计的民族传统、地方特色不断失落，日益加剧的“商业化”“人工化”和“城镇化”严重影响了属于“文化城市”重要载体的文化遗产的生存环境。

如果我们不是将“功能城市”与“文化城市”相对立，如果我们在历史性城市的规划设计中充分考虑到城市的文化特点，将文化遗产和城市特色作为城市形象的基础，历史文化遗产就不会被视为城市发展的包袱，而是城市中无可替代的重要财富，是城市可持续发展的资本和动力。

三、大运河保护与申报世界文化遗产给运河城市带来的思考

作为人类遗产，大运河不仅是规模庞大的航运工程体系，同时又是规模巨大的文化遗产廊道。作为仍在沿用的大型古代水运和水利工程，沿岸有很多重要的文化景观遗产。人们在长期的历史发展过程中，倚靠运河，根据不同的自然生态条件，不断延续、创造和发展着不同的文化景观。这些文化景观突破了以往文化遗产的范畴，

以更具生机的要素结合和更为复杂的文化内涵，在更大尺度的自然地理环境背景中进行拓展和延伸。

古城扬州是一座因运河而生、因运河而兴的城市，又是大运河联合申报世界文化遗产的牵头城市，责任和意义尤为重大。扬州城的形态演变与运河河道变迁联系在一起。扬州在隋代因开凿了大运河而成为我国连接南北经济的重要城市，其时罗城内河道纵横，隋代运河穿城而过。唐代在罗城东南以古运河为护城河，原隋代运河段成为市河。扬州在承担漕运和盐运的重要任务的同时逐渐也成为商品贸易重要枢纽。宋大城东南护城河仍为古运河，明清老城在唐、宋城遗址范围内，以小秦淮河为界分为新旧城，呈现出东市西府的双城格局。河东新城为明代后期所建。到清代富贾云集，会馆盐商宅院密集，商业繁荣、市井兴旺，扬州因此而呈现出了文人雅集、学派交流、帝王南巡等的富庶风雅的特质，这都与大运河密不可分。

作为活态遗产，变迁是大运河及运河沿线城市发展中与生俱来的性格。在城市化快速发展的大背景下，如何控制变迁，强调延续，传承文脉，维系生态将是运河城市需要不断深化思考的课题。我们希望看到运河城市能够在大运河保护与申报世界文化遗产的同时，将城市的发展纳入一个与历史联系、与文化联系，有血有肉有生命的动态系统中。

作为独特文化遗产的大运河见证了扬州城市的生命历程，是运河城市最为宝贵、最为独特的文化优势。我们迫切召唤运河城市能够合理保护和利用大运河追溯城市记忆，丰富城市生活内涵，顺应城市肌理，让运河名城的古今设计根冠相连。我们期待人类的文化智慧为运河城市注入新鲜的血液，期待现代化城市让古老的运河焕发蓬勃生机！

在 2011 中国—东盟文化产业论坛开幕式上的致辞

（2011 年 10 月 19 日）

会见东盟各国代表

2011 中国—东盟文化产业论坛今天在广西南宁隆重开幕，我谨代表中国国家文物局，向出席论坛的东盟各国、日本、韩国的朋友及全体代表表示热烈的欢迎。

2005 年，中国政府和东南亚国家联盟成员国政府签署《中国与东盟文化合作谅解备忘录》，确立了中国与东盟文化交流合作机制，中国—东盟文化产业论坛就是其中重要的交流合作项目之一。回顾以往，我们高兴地看到，从 2006 年开始，在广西南宁一年一届的中国—东盟文化产业论坛，已成为中国东盟文化交流的重要平台，为促进中国东盟自由贸易区建设，推进文化产业交流合作，深化中国东盟友好往来，做出了积极的贡献。论坛从今年起升格为由中国文化部与国家文物局及广西壮族自治区政府联合主办，正式列入中国东盟博览会的系列论坛当中，进一步整合了对东盟文化交流资源，提升了中国东盟文化产业论坛规格，搭建了中国东盟文化领域更高层次的对话平台。相信随着论坛影响力的扩大，一定会取得更加广泛深入的文化交流成果。

中国是文明古国，历史悠久，文化遗产丰富，为发展文化事业奠定了坚实的基础。进入 21 世纪，随着综合国力的显著提升，中国博物馆建设迎来了前所未有的高潮，至 2010 年中国已建成各级各类博物馆 3200 多家，在国际博物馆界的影响与日俱增，去年中国成功承办了第 22 届国际博物馆协会大会，得到了国际博物馆界的积极评价。从 2008 年起，中国政府推动博物馆向全社会免费开放，保障广大民众的基本文化权益，也使博物馆的建设和发展更加贴近实际、贴近生活、贴近民众，博物馆事业的专业化、社会化、现代化的步伐大大加快。

当今世界正经历着复杂而深刻的变化，博物馆事业面临新的重要发展机遇。加强交流合作，加快改革创新，进一步提升博物馆的专业化水平，激发博物馆可持续发展的活力，加快博物馆融入社会生活的步伐，是各国博物馆界共同关注和积极实践的重大命题。本届论坛以“博物馆运营管理与文化产品创意开发”为主题，为来自东盟各国和中、日、韩的文化遗产及博物馆专业人员搭建起了良好的交流平台。衷心期待论坛在增进中国与东盟各国博物馆界交流的同时，为各国文化事业发展带来新的灵感和启迪，为提升区域文化合作水平，增进中国与东盟各国友谊做出新贡献。

在与香港民政事务局领导及有关部门座谈时的谈话

（2011年12月12日）

与香港民政事务局曾德成局长座谈

中央政府历来重视打击盗窃、盗掘和走私文物犯罪活动，并积极探索保障文物安全的长效机制，始终履行有关国际公约，参加多边和双边的国际合作，与各有关国家签署防止盗窃、盗掘和非法进出境文物的双边协定，通过国际社会的共同努力，切实保护人类的文化遗产。由于受到国外文化艺术品和文化拍卖市场高价位的吸引以及国际文物商非法收购等众多因素的影响，近几十年来，国际社会文物走私案件屡禁不止，给包括中国在内的众多国家的文化遗产带来难以估量的损失。

保护文化遗产，防止非法盗窃、贩运和走私文化财产，促进被盗文物返还原属国，是人类道德、正义和文明发展的必然，也是国际社会的共识和期望，更是各国政府义不容辞的神圣责任。开展国际合作以阻止文物非法流通，是保护人类共同文化遗产的有效途径。在国际公约的框架下，中国政府先后与秘鲁、印度、意大利、菲律宾、希腊、智利、塞浦路斯、委内瑞拉、美国、埃及、蒙古等14个国家签署了防止盗窃、盗掘和非法进出境文物的双边协定。双边协定的签署有利于加强中国政府和外国政府间在打击盗窃、盗掘和非法进出境文物方面的合作，深化政府间的文化交流与合作，共同打击文物犯罪活动，受到国际社会的瞩目。

中国政府与蒙古国政府签署共同打击盗窃、盗掘非法进出境文化财产的双边协定

多年来，我国香港因历史等原因一直是自由港，香港一直努力成为世界艺术品集散地和艺术品交易中心，实际上采取了鼓励文物及其他艺术品自由流通并实施减免税收等优惠政策，客观上造成大量内地被盗出土文物在香港古玩市场交易或经过中国香港转运到其他国家的局面。例如，我们最近开展的甘肃省大堡子山秦公墓葬被盗流失文物调查结果显示，秦公墓葬于20世纪90年代初期被盗后，很多重要的被盗青铜器在香港古玩市场上交易，其中有部分文物被内地的博物馆购回,有部分被香港某著名收藏家购买后捐赠给国家，但是更多的文物仍散失在香港的一些古玩商户和收藏家手中；还有近年被盗的唐贞顺皇后敬陵彩绘石椁，构件众多、体积巨大、总质量达26吨，但是仍然通过香港走私至美国。所以，国家文物局与特区政府在打击文物走私方面有很大的合作空间。

中央政府高度重视文物安全工作，对文物安全指导、监管与保障的力度逐年增强。2009年3月，经国务院办公厅协调形成了《关于进一步加强文物安全工作的意见和建议》，中央编办、公安部、财政部、文化部、国家文物局逐条予以了落实。2010年5月，国务院批复建立了由文化部牵头的“全国文物安全工作部际联席会议制度”，由文化部、公安部、海关总署、国家文物局等10个部门组成，负责统筹协调全国文物安全工作。公安部和国家文物局于2010年、2011年连续组织开展打击文物犯罪专项行动，共同建立了全国文物犯罪信息中心，2010年全国公安机关立案的文物犯罪案件较2009年下降了12%。国家财政进一步加大了对全国重点文物保护单位安全设施建设的支持力度。2009年以来，国家文物局联合公安部等部门，组织开展各类安全检查，督导各地文物、博物馆单位整改了大量安全隐患。

国家文物局理解并执行中央“港人治港”的基本政策，理解并将积极支持香港保护和发展本地文化产业的愿望和措施，体现在近年来国家文物局一直积极推动香港文化遗产事业发展、推动内地博物馆与香港博物馆开展多方面的交流与合作。今后，国家文物局将一如既往地继续支持香港在文化遗产领域的可持续发展。尽管香港是自由港，我们注意到，也感谢多年以来特区政府有关部门，包括海关、警方等，为阻止和打击非法贩运文物活动所做出的努力。实际上，防止和打击非法文物交易活动已成为国际共识，也是促进文物市场健康、可持续发展的重要因素。内地在保护、促进文物市场发展的同时，努力避免非法文物流入市场，这也是国际文物市场的发展趋势。

近年来，国家文物局多次接收了被香港警方和海关返还的非法贩运至香港的内地流失文物，香港特区政府对内地文物被盗窃、盗掘的情况十分关注，对其中许多文物非法流入香港、或经香港流入国际市场的情况相当了解，也一直努力采取进一步措施避免使香港成为内地文物非法流向的目的地。1999 年，香港特区政府将查获非法走私的中国内地文物 137 箱，移交给国家有关部门。其中有文物 2 209 件、古钱币 17 286 枚、恐龙蛋化石 125 枚。2003 年，在香港警方协助下，公安部门从香港成功追回了河北省承德外八庙管理处被盗窃、走私的文物 49 件。此外，我们还了解到，特区政府海关将举办中国文物辨识培训班，届时将邀请广东文物进出境鉴定站的专家赴港协助教学。国家文物局高度赞赏特区政府为保护祖国文化遗产所采取的切实行动。今后，国家文物局愿意在这方面为特区政府相关部门提供更多的支持。

长期以来，内地文化遗产因非法盗窃、盗掘和非法走私遭受到极大破坏，一直采取包括加强国际合作等措施，努力更好地保护内地的文化遗产。近年来，国际社会也越来越关注文化遗产保护，并为之做出了诸多努力，取得了不少成果，制定了一系列国际公约和职业道德。我国是联合国教科文组织（UNESCO）1970 年《关于禁止和防止非法进出口文化财产和非法转让其所有权的方法的公约》和国际统一私法协会（UNIDROIT）1995 年《关于被盗或非法出口文物的公约》的签署国，一直支持开展相关工作。西方国家在此方面也在不断改变看法和做法，包括英国、法国、美国在内的世界主要文物流向国，先后加入联合国教科文组织 1970 年《关于禁止和防止非法进出口文化财产和非法转让其所有权的方法的公约》，并根据公约与有关国家签署保护文化遗产的双边协定或谅解备忘录，对流入境内的文物采取更加严格的监管措施，要求文物经营者和博物馆在收购文物时确认文物的合法来源等。

在中美谅解备忘录协商期间，美国曾不断向我国施压，要求我国将港澳两地文物流通经营纳入监管。尽管我国一直向美方解释“一国两制”政策，但是未获得美方完全理解。在联合国教科文组织的相关国际会议上，许多国家也对两地对流入文物采取的政策表示质疑。在各国不断加大文化遗产保护力度、主要西方国家也开始加入并履行相关国际公约，通过制定法规和职业道德等措施加强文物流通监管的背景下，特区政府相关部门应从中国文化遗产保护和香港文物市场健康发展的大局出发，进一步采取措施，加强监管，以不断改善香港在此领域的国际形象，有利于香港的可持续发展。

近年来，内地与香港在文化遗产保护领域的交流合作发展迅速，在数量和质量上都有很大提高，但是与之相比，内地文物流入香港或通过香港流向其他国家的状况没有根本改变。几年前，内地博物馆还可自行从香港市场购回一些内地非法流失文物，客观上抢救了文物，也刺激了文物非法流失，中美签署上述谅解备忘录以后，这些购买行为难以为继，在西方主要博物馆也不再明目张胆收藏内地非法流失文物的情况下，内地经香港流失的文物将难寻踪影。这些现实，包括香港文化遗产保护面临的新问题，都要求特区政府认真考虑制定香港相应的法规。目前，我国已经签署了若干有关文化遗产保护的国际公约，在一国两制的框架下，需要考虑香港以何形式适用并履行实施这些国际公约，并通过适当方式向国际社会表明香港的态度。显然，在上述国际背景下，香港若继续以未加入相关国际公约或一国两制等为由，继续维护目前文物流通现状，国际社会对香港的误解会进一步加深，对香港经济社会发展会产生不利影响。

香港是祖国的一部分，一直以来香港同人希望中央政府研究对香港放宽禁止出境文物方面的政策限制，让更多的珍贵文物在香港展出，让更多的香港市民有机会一览中华文化的瑰宝，感受中华文化的博大精髓。国家文物局对赴香港举办的文物展览一直持支持的态度，在实际操作中，到香港的文物展已突破目前的政策限制。通常情况下，在境外举办文物展，一级文物展品原则上只占总展品数的 20%，而对于在香港举办的文物展，我们根据香港一国两制的特殊情况采取了特事特办的原则，例如《国之重宝》大型文物展经报请国务院批准，出境的一级文物达到总展品数的 90% 以上。2012 年将在香港举办的“陕西秦兵马俑展”兵马俑的数量将达到 19 个，根据国家文物局有关法规的规定，到国外举办的文物展览兵马俑的数量不能超过 10 个。

香港回归以来，内地与香港的文物交流不断深入，合作更加紧密。香港拥有国际化视野、灵活的机制和先进的管理经验，内地则有着丰富的文化资源和广阔的市场，内地与香港应通过加强交流与合作，实现优势互补，互利双赢，共同发展。希望与香港政府文物行政主管部门进一步加强沟通，交流意见和建议，共同探讨未来的合作发展方向。2008 年，内地赴香港文物展览项目达 11 个。其中，为配合第 29 届奥林匹克运动会马术比赛项目在香港举行，国家文物局调集故宫博物院、中国国家博物馆及全国 13 个省（自治区）的 28 家文物博物馆单位的文物赴香港历史博物馆举办了“天马神骏——中国马的艺术和文化展”。该展览受到深爱马术运动、对马有着特殊感情的广大香港民众和来自世界各国马术比赛参赛运动员和游客的欢迎。

国家文物局将一如既往地支持香港发展文化事业，全力支持内地与香港的文物交流与合作，希望与香港同人一道，为香港地区的繁荣稳定，为不断密切与深化内地与香港地区的文化交流与合作，以促进实现中华文化的繁荣发展共同努力。

在与香港发展局领导座谈时的谈话

（2011 年 12 月 12 日）

与香港发展局林郑月娥局长座谈

感谢林郑月娥局长的邀请，使我能够再一次加入“贵宾访港计划”，访问香港。祝贺“2011 年文物保育国际研讨会”成功举办。感谢邀请我在研讨会上做主旨发言，介绍中国文化遗产保护近年来在理念和实践方面的发展。举办这个研讨会反映出香港特区政府对城市发展与文化遗产保护问题的重视以及香港学术界的勃勃生机。今后，内地应该更广泛地参与到香港方面组织的这类活动中来，也欢迎香港专家学者和管理部门参与内地的此类活动，与国际社会开展更广泛的交流，促进共同发展。

文物保育国际研讨会

我曾于 2003 年来香港访问，参观了香港历史博物馆、香港艺术馆、香港文化博物馆等，考察了湾仔旧街区及庄士敦道重建项目，对香港的古迹保护和博物馆建设留下了深刻的印象。香港和内地的文化同根同源，一脉相承，同时香港的文化也融合了东西方文化的精髓，形成了自己独树一帜的特点，在文化遗产保护方面有很多值得内地学习的地方，非常希望内地和香港在文化遗产保护方面能加强交流与合作。

我非常欣喜地看到，在过去的 8 年中，通过我们双方的共同努力，内地与香港在文物保护领域开展了许多卓有成效的合作。特别是 2008 年—2010 年香港发展局与广东省文物局合作开展的景贤里修复工程，由于景贤里历史建筑的重要性，成为香港文物保护的标志性建筑，这次合作堪称内地与香港在文物保护领域合作的典范之作。12 月 15 日上午我将前往参观景贤里修复工程。

此外，内地与香港在考古方面的合作由来已久，联合考古发掘项目持续不断，成绩斐然。近年来，中国社会科学院、广东考古专家与香港同行合作开展了一些发掘项目，例如中国社会科学院考古研究所和香港古迹古物办事处合作发掘的扫管笏项目。专业领域的学术合作研究从 20 世纪 80 年代的古文字考证到目前的中华文明探源工程，从没有间断。中华文明探源工程是国家重点工程，香港中文大学中国古代艺术研究中心的学者应邀参与了其中玉器课题的研究工作。

感谢发展局的各位同人为我访港做出的精心安排，使我和我的同事们能够在此次访港期间，参观许多古迹活化项目，譬如前水警总部酒店、西港城、前北九龙裁判法院、伯大尼修院、美国萨瓦纳艺术设计学院香港分校、百子里公园、孙中山纪念馆以及香港文物探知馆。香港同行在文物保护特别是文物保护与社会经济发展相结合等方面做出了非常好的尝试和努力。在这个方面，内地也开展了许多工作。今后在这个领域，希望香港与内地能进一步开展交流。

时隔 8 年，再次访问香港。我感到很高兴的是，在过去长期良好合作的基础上，国家文物局将与香港方面签署关于深化文化遗产领域交流与合作的协议书，内地与香港在文化遗产领域的合作将由此进入常态化的新阶段。我希望，我也深信，我们的合作将取得更加丰硕的成果。

在与澳门特区政府行政长官座谈时的谈话

（2011年12月16日）

有幸再次来到澳门访问，老朋友见面格外高兴。2003年我曾来澳门访问，在您的安排下，参观了大炮台、大三巴、东望洋炮台等文化遗产，对澳门的古迹保护和博物馆建设留下了非常深刻的印象。我非常欣喜地看到，在过去的8年中，通过我们双方的共同努力，内地与澳门在文化遗产领域开展了许多卓有成效的合作。澳门和内地的文化同根同源，一脉相承，同时澳门的文化也融合了东西方文化的精髓，形成了自己独树一帜的特点，在文化遗产保护方面有很多值得内地学习的地方，非常希望内地和澳门在文化遗产保护方面能够继续加强交流与合作。

澳门文化局会谈

澳门文化局会谈

改革开放以来，我们与澳门文物博物馆界同行合作，成功地举办了许多重要的文物展览，例如“故宫、上海珍藏八大山人、石涛书画精品展”“南宗北斗——董其昌450周年诞辰书画特展”“中国古代文物展”“‘五四’运动历史文献特展”。2009年12月，为纪念澳门回归祖国10周年，故宫博物院在澳门举办了“九九归一——庆祝澳门回归祖国10周年故宫珍宝展”，在澳门民众中引起了强烈反响。2011年，内地赴澳门举办了“山水正宗——故宫、上博珍藏王时敏、王原祁‘娄东派’绘画精品展”“北京大学赛克勒考古与艺术博物馆馆藏版画展”“天下为公——孙中山与澳门文物展”“玉貌清明——故宫珍藏两宋瓷器精品展”等展览。特别值得一提的是，通过多年的合作，澳门文化局与故宫博物院的展览合作已经形成固定的交流机制。在内地赴澳门举办展览的同时，澳门也有不少文物精品展来内地展出。通过举办文物展览，我们将中华文化的精髓以文物史料的形式展现给澳门民众，让澳门同胞更深地了解中华民族的历史文化，更好地了解祖国的发展历程。

2005年，澳门历史城区通过联合国教科文组织第29届世界遗产委员会审议，成功列入《世界遗产名录》，成为中国第 31 项世界遗产。澳门历史城区成功申报世界文化遗产，是对澳门特别行政区政府多年来保护文化遗产努力的肯定，体现了中央政府及特区政府对澳门文化遗产保护及申报世界文化遗产工作的高度重视。同时，澳门历史城区列入名录，宣传了澳门的历史文化，提升了澳门在国际上的形象，促进了澳门旅游业的可持续发展，直接地带动了澳门特区经济社会持续繁荣和发展。

申报世界文化遗产成功后，特区政府进一步加强了对澳门历史城区的保护和管理。制定和出台了文化遗产保护管理的专项法规；加大经费投入，用于文物建筑的修缮和保护；采用灵活多样的形式，吸引利益相关者共同参与对澳门历史城区的保护；向公众、特别是在青少年，宣传澳门历史城区的价值和历史，唤起公众对文化遗产的热爱。其中澳门文物大使活动已经进入第 10 年，前不久我还有幸为他们的纪念文集撰写了贺词。澳门特区政府以实际行动兑现了对国际社会做出的保护澳门历史城区的真实性、完整性，努力实现世界遗产的 5C 战略的承诺。

2008 年以来，教科文组织世界遗产委员会对澳门历史城区实施了反应性监测。特区政府高度重视此项工作，配合世界遗产中心及国际古迹遗址理事会（ICOMOS），在国家文物局的支持下，开展了对澳门历史城区的反应性监测评估。邀请国内世界文化遗产保护领域的资深专家，为澳门历史城区的保护提供专业咨询。认真按照世界遗产委员会的决议，对澳门历史城区的突出普遍价值进行深入的研究，并研究制定澳门历史城区保护管理的规划。目前，反应性监测工作已经初见成效，得到了世界遗产委员会的初步认可。

未来，希望特区政府能进一步做好澳门历史城区的反应性监测和保护管理工作。同时，进一步加强同内地世界文化遗产及其他文化遗产保护管理机构的交流，介绍和推广澳门历史城区保护管理的先进经验和做法，为整体提高我国世界文化遗产保护管理的水平做出积极的贡献。

《关于深化文化遗产领域交流与合作协议》签署仪式

此次访澳，将与社会文化司签署《国家文物局与澳门社会文化司关于深化文化遗产领域交流与合作的谅解备忘录》。备忘录签署后，双方将成立工作组，每年定期举行工作组会议，评估和商讨展览交流、世界文化遗产地监测和管理、文化遗产保护、专业人员培训、打击文物走私等领域的合作情况和工作计划，双方交流将进入机制化和常态化的新阶段。希望您今后能一如既往地支持和关注内地与澳门在文化遗产领域的交流与合作，譬如共同探讨联合国教科文组织 1970 年公约的澳门适用问题，共同防止和打击内地文物通过中国澳门走私到其他国家。

在会见瑞士驻华大使顾博礼时的讲话

（2012年2月15日）

瑞士是著名的钟表制造国。故宫博物院钟表收藏1581件，一部分集中在钟表馆展示，我院的专家在参加荷兰举办的钟表展时曾与瑞士的钟表专家进行过交流。瑞士宝珀钟表公司的历史与我院历史有诸多巧合，例如该公司成立于1735年，这是中国历史上乾隆皇帝登基的年份，也是中国历史康乾盛世的标志，鉴于此，我院曾于2008年收藏过宝珀公司为我院特制的一支腕表，这是我院第一次收藏腕表，也是我院与瑞士较为深入的一次接触。

2009年4月—7月，我院13件藏品参加中国文物交流中心主办的“罗聘的艺术世界展”赴瑞士苏黎世李特伯格博物馆展出。该展随后又赴美国大都会博物馆展出了3个月，这些展览均十分成功。

2011年12月下旬，瑞士国际钟表博物馆向我院提出借展申请，希望故宫能参加该馆于4月举办的钟表展，但是由于筹备时间过于紧张，我院无法在4月之前完成相关手续的办理，故婉拒了该馆的借展请求。事实上，故宫博物院非常愿意与瑞士国际钟表博物馆建立联系，希望两馆今后能够加强交流，再次寻找合作的机会。

感谢大使在我上任之初前来访问，故宫博物院一贯重视与世界各国的博物馆开展交流与合作。自2005年始，我院先后与法国罗浮宫博物馆、英国大英博物馆、美国大都会博物馆、日本东京国立博物馆、德国德累斯顿艺术品收藏馆、英国维多利亚与阿尔伯特博物馆、美国弗吉尼亚美术馆等签署了合作协议，并与他们就互办展览、人员交流、学术研究等方面开展了卓有成效的合作。希望通过阁下，故宫博物院能与瑞士的文博界建立各种类型的合作机制，促进双方的交流。

会见美国大都会博物馆馆长

在会见美国驻华大使骆家辉夫妇一行时的谈话

（2012 年 6 月 11 日）

故宫博物院成立于 1925 年 10 月 10 日，是在明清两代皇宫基础上建立起来的国家级综合博物馆，拥有世界上规模最大、保存最完整的木结构宫殿建筑群，总藏品超过 180 万件，藏品数量居国内之首；2011 年我院接待的参观人数超过 1 411 万，是世界上参观人数最多的博物馆。

故宫博物院一贯重视与美国各类文化机构开展交流与合作。事实上，故宫博物院历年的对外合作交流工作中，与美国合作的项目种类最为丰富，合作单位则不仅仅限于博物馆，也包括基金会、商业机构和大学等。

自 1984 年首次在美国举办展览，至今故宫博物院在美国举办的展览共计 25 个，都获得了良好的反响。例如 2010 年—2011 年在美国皮博迪埃塞克斯博物馆、大都会博物馆和密尔沃基艺术馆所举办的“乾隆花园古典家具与内装修设计展”，就深获美国观众的喜爱，在三展地都创造了参观人数的新高；而 2011 年为配合亚太经合组织领导人峰会，故宫博物院与美国檀香山博物馆合作在该馆举办“紫禁城山水精品展”，包括中美两国的高层代表团均参观了该展览。

目前，故宫博物院与美国弗吉尼亚美术馆正在就 2013 年和 2014 年双方互换展览进行交流，该馆馆长纳哲思先生一行将于 7 月来访。今年 2 月，美国纳尔逊阿特金斯博物馆馆长祖立安来访，希望故宫博物院参加该馆计划于 2016 年举办的玉器展项目，该项目由中国文物交流中心主办，故宫博物院也会积极支持。

当然，展览仅仅是传统的合作项目之一，为深化故宫博物院与美国博物馆间的长期合作，2006 年和 2010 年故宫博物院分别与美国大都会博物馆和弗吉尼亚美术馆签署了全面合作意向书，旨在进行多层面和多领域的全面合作，建立博物馆间长期深入的合作机制。目前，“乾隆花园古典家具与内装修设计展”组织方皮博迪埃塞克斯博物馆也表达了与故宫博物院签订全面合作意向书的意愿。

故宫博物院与美国各类机构的合作逐年活跃，除了与美国博物馆间的合作外，故宫博物院也和其他相关机构开展合作项目，例如与美国 IBM 公司合作完成“超越时空的紫禁城”项目，运用 3D 数字模式开发网络游览项目；与美国布赖恩特大学签署合作意向书，将在该校仿建我院古建漱芳斋；与盖蒂文保所合作拟在文物保护领域进行更多的交流互动。

其中最值得一提的是故宫博物院和美国世界建筑文物保护基金会（WMF）的合作。2001 年 8 月美国世界建筑文物保护基金会与故宫博物院合作，开始了共同保护宁寿宫花园中的建筑——倦勤斋的项目。经过一年多细致的调查和研究，双方于 2003 年 3 月正式签署协议，保护工程进入实施阶段。历经 5 年，2008 年 11 月，倦勤斋圆满竣工。共同的工作加深了双方的了解，双方对扩大合作规模，在保护倦勤斋的基础上，推进到保护整座宁寿宫花园。2006 年 3 月双方签订《保护修复紫禁城宁寿宫花园的协议》，并得到中国国家文物局的批准，并从 2009 年开始继续开展 10 年的宁寿宫花园文物保护修复，并自此延伸出了相关的培训项目。美国世界建筑文物保护基金会拥有世界顶尖的专家团队，与故宫共同构建了国际化的交流平台。2010 年 12 月，故宫博物院与美国世界建筑文物保护基金会合作成立了“家具与内檐装修保护培训中心”，开展面向故宫博物院，面向文物保护专业技术领域的人才培养。

多层次多渠道的人员交流是促进故宫博物院与美国文化机构交流的重要手段。故宫博物院与美国的博物馆、大学、研究所和相关文化机构进行多层面的交流，例如高层互访、专家访问、人员培训和学术会议等。自 2005 年开始，故宫博物院每年接收美国耶鲁大学实习生来院实习，至今已 7 年时间。

美国驻华大使馆与故宫博物院一直保持着友好的合作关系，经大使馆推荐，故宫博物院曾接受盖蒂基金会的资助，派专家参加美国博物馆协会的年会。希望双方能继续开展交流与合作，通过双方关系的不断深化和对两国文化相互的理解与认知，继续加深美中两国人民之间的友谊。

另外，还有一件需要中美长期合作开展的工作，就是共同打击盗窃、盗掘、走私文物的国际合作。2009 年 1 月，历经多年艰苦谈判，中美签署了《中华人民共和国政府和美利坚合众国政府对旧石器时代到唐末的归类考古材料以及至少 250 年以上的古迹雕塑和壁上艺术实施进口限制的谅解备忘录》。这是中国第一次与世界上主要的非法文物流向目的国达成此类谅解备忘录，对于遏制文物犯罪具有极为重要和深远的意义，也在世界上引起良好反响。两年以后，这一谅解备忘录需要续签，届时希望大使先生给予关注和支持。

在香港饶宗颐文化馆开幕式上的致辞

（2012 年 6 月 22 日）

首先对饶宗颐文化馆开幕表示热烈祝贺！

饶宗颐教授学艺兼修，横跨中西，从事学术研究和艺术创作 70 多年，涉猎之学术领域，广博而又精深，在考古、甲骨文、金石简帛、敦煌学、诗词书画等领域均有卓越建树，被东西方学者视为一位百科全书式的学人。他的成就，足为后学者之典范。在书画创作上，饶教授贯通融会，领异拔新，以大学问为基础不断探求，以大智慧为底蕴坚持创造。

他的书法植于文字，因他对甲骨、简帛、金文的熟识，几十年来浸淫于碑帖之功，使他能融合各体而写出他的“饶体”。

绘画方面，他经过近80年师古、师自然的经历，特重于开创新境，不拘一法。现今画作，纯是由心源中流出。2004 年他提出山水画西北宗说，融合各种技法来写的荷花，以厚重拙朴的线条，重新追求敦煌壁画及白描画稿的气韵。可以说，饶教授继承了我们传统文化最精致典雅的一部分。

对荔枝角医院的改造是香港特区政府发展局“活化历史建筑伙伴计划”的首批活化项目，将此历史建筑改建为饶宗颐文化馆，充分表达了特区政府对一代国学大师饶宗颐教授的尊崇。如今，这里成为展示饶宗颐教授的学术和艺术成就的殿堂，成为所有热爱传统文化的人互相交流和学习的平台。相信这个融合自然环境和历史传承的文化园地将肩负起促进中华文化交流、服务大众的使命，为社会提供优良的文化设施与丰富的文化活动。

最后，请允许我代表故宫博物院再次向饶宗颐教授表示祝贺，同时祝愿饶宗颐教授身体安康，祝愿饶宗颐文化馆蒸蒸日上。

香港海事博物馆